vente

Curso de español lengua extranjera

A2

Libro del alumno

Fernando Marín
Reyes Morales

edelsa
GRUPO DIDASCALIA, S.A.

ESPAÑA *desconocida*

Visita los castillos menos conocidos y entra en la muralla de Buitrago de Lozoya, cerca de Madrid. Sube a las torres del castillo. En Buitrago también hay un museo con obras de Picasso.

Deja volar tu imaginación con las rocas de extrañas formas de la Ciudad Encantada de Cuenca.

Ven a Lanzarote y disfruta de un paisaje diferente sobre un antiguo volcán. En Lanzarote se cultiva un vino, la malvasía, en tierra volcánica.

Descubre y recorre las minas del Río Tinto, en Huelva. Son minas al aire libre y el agua del río es roja.

FORMAS Y COLORES DIFERENTES

1. ¿Dónde puedes ver...?

A Un río diferente

B Rocas de formas extrañas

C Un monumento muy antiguo

D Vistas magníficas con una tierra negra

INVITAR A VIAJAR

2. Subraya los verbos que invitan a ir a estos lugares y completa el cuadro.

VERBOS ACABADOS EN *-AR* EN INFINITIVO

disfrutar > .... (tú), disfrut<u>ad</u> (vosotros)

VERBOS ACABADOS EN *-ER* O *-IR* EN INFINITIVO

recorrer > .... (tú), recorr<u>ed</u> (vosotros)
subir > .... (tú), sub<u>id</u> (vosotros)

ALGUNOS VERBOS TIENEN UN IMPERATIVO IRREGULAR:

venir > .... (tú), venid (vosotros)

Con *vosotros* la forma verbal es igual que el infinitivo, solo cambia la **r** final por una **d**.
disfrutar > disfrutad   recorrer > recorred   subir > subid

Esta forma que se utiliza para invitar a alguien a hacer algo, dar consejos y dar órdenes es el **<u>imperativo</u>**.

DISFRUTAD

3. Observa estas fotos e invita o da consejos a estas personas. Utiliza estos verbos en la forma *vosotros*: *disfrutar, probar, preparar, mirar, recorrer, subir, poner.*

a. Antes de viajar, ... la maleta y .... la ropa adecuada.

b. Si vais a Sierra Nevada, un consejo: .... del paisaje.

c. Si podéis, ... a este autobús y .... sitios increíbles.

d. ¡....................! Este cuadro de Picasso es precioso.

e. .... la típica tortilla española con patata y cebolla. ¡Está muy buena!

UN LUGAR

4. Observad de nuevo las fotos. ¿Qué lugar os gusta más y por qué? Elegid uno de estos lugares, buscad informaciones complementarias y presentad a los otros grupos otros atractivos e invitad a vuestros compañeros a ir.

HISPANOAMÉRICA *desconocida*

Vayan a Argentina. Contraten un guía y disfruten de un paisaje lunar, el Valle de la Luna, en San Juan.

Recorran la ruta colonial y de los volcanes de Centroamérica y conozcan más de 100 puntos turísticos coloniales y naturales en Guatemala, Honduras, El Salvador y Nicaragua.

Vengan a Bolivia a contemplar las lagunas saladas: la laguna colorada y la verde.

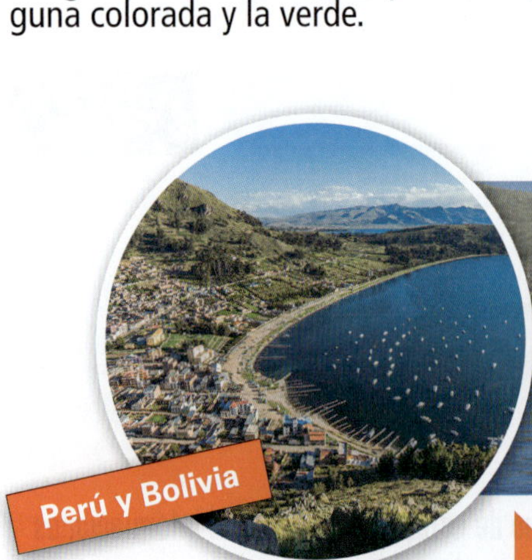

Suban y descubran el lago navegable más alto y más grande del mundo, el lago Titicaca, situado en Perú y Bolivia.

FORMAS Y COLORES DIFERENTES

1. ¿Dónde puedes ver...?

A Un lago inmenso

B Rocas de formas extrañas

C Un recorrido cultural y unos paisajes únicos

D Pequeños lagos de colores

INVITAR A VIAJAR

2. Subraya los verbos que invitan a ir a estos lugares y completa el cuadro.

VERBOS ACABADOS EN *-AR* EN INFINITIVO

disfrutar > disfrute (usted), ... (ustedes)

VERBOS ACABADOS EN *-ER* O *-IR* EN INFINITIVO

recorrer > recorra (usted), ... (ustedes)
subir > suba (usted), ... (ustedes)

ALGUNOS VERBOS TIENEN UN IMPERATIVO IRREGULAR:

Venir > venga (usted), ... (ustedes)
Conocer > conozca (usted), ... (ustedes)
Ir > vaya (usted), ... (ustedes)

En Hispanoamérica en vez de la forma *vosotros*, se utiliza preferentemente la forma *ustedes*.

DISFRUTEN

3. Observa estas fotos e invita o da consejos a estas personas. Utiliza estos verbos en la forma *ustedes*: *viajar, ir, comer, tomar, descubrir, visitar.*

a. En México .... los sitios mayas y .... el pollo al mole.

b. Si quieren descansar, ... al Caribe.

c. .... el ceviche, uno de los 491 platos típicos de Perú.

d. .... a Medellín, la ciudad de F. Botero.

e. Un consejo: .... esta infusión, el mate, típica de Argentina, Uruguay y Paraguay. En Paraguay se llama *terere*.

UN LUGAR

4. Elijan una foto de un lugar interesante de su país y escriban unas frases para invitar a extranjeros a conocer este sitio, como en el ejemplo.

En el centro histórico de Ciudad de México disfruten de una plaza espectacular: la plaza de la Constitución, llamada *el Zócalo*, una de las más grandes del mundo. Visiten su impresionante catedral y dentro del Palacio Nacional recorran las escaleras con los murales de Diego Rivera. Después coman en uno de los restaurantes famosos de la zona.

ÍNDICE

Bahía de Palma, Mallorca, España

ROPA Y COMPLEMENTOS 1

Competencia pragmática

Eres capaz de...

- ir de compras
- elegir la ropa
- describir la ropa y dar tu opinión

Competencia lingüística

Puedes...

- utilizar los pronombres personales de complemento directo
- emplear el pronombre relativo *que*
- conjugar los verbos *quedar y parecer*

Competencia léxica y sociolingüística

Conoces...

- los nombres de los complementos de moda
- una firma de moda española muy conocida: Zara
- las tiendas de ropa preferidas de los españoles

Interactúa

- compras por Internet

MIRA A TUS COMPAÑEROS Y DI QUIÉN LLEVA...

un pantalón vaquero

una camisa o una blusa blanca

unos zapatos de piel

una falda

un vestido

una camiseta

HABLA CON TUS COMPAÑEROS.

1. ¿Te gusta ir de compras?
2. ¿Cómo pagas normalmente, en efectivo o con tarjeta?
3. Pregunta a tu compañero/a cuánto cuesta su pantalón, falda, etc., y de qué talla es.
4. ¿Qué tipo de ropa prefieres?
   - **a.** ¿Clásica o moderna?
   - **b.** ¿Deportiva o formal?
   - **c.** ¿De colores oscuros o claros?

MIRA ESTA FOTO. DI SI LA ROPA TE PARECE BONITA, FEA, ELEGANTE, CÓMODA, MODERNA.

Eres capaz de... Ir de compras

Lucía y Candela van de compras a un centro comercial.

DE COMPRAS

1 ESCUCHA

1. Escucha, lee el diálogo y completa con estas expresiones.

En efectivo · ¿Qué precio tienen? · ¿me las puedo probar? · muy grandes · ahora mismo · unas gafas de sol

Candela:	Mira estas gafas de sol, ¿te gustan?
Lucía:	Sí, pero son .... Me gustan más las negras.
Dependiente:	Hola, ¿puedo ayudarlas?
Candela:	Sí, quería ....
Dependiente:	Pues aquí están las de esta temporada.
Candela:	Me gustan esas grandes, ...
Dependiente:	Sí, sí, aquí tiene un espejo.
Dependiente:	¿Cómo le quedan?
Candela:	No sé, son un poco grandes. ¿Puedo probarme las negras?
Dependiente:	Sí, ... las traigo.
Candela:	Lucía, ¿qué te parecen? ¿Me quedan bien?
Lucía:	Sí, estás muy guapa. Son muy bonitas.
Candela:	Bueno, pues me las llevo. ....
Dependiente:	100 euros. ¿Cómo va a pagar, en efectivo o con tarjeta?
Candela:	.... Aquí tiene.
Dependiente:	Muchas gracias.

LEE

¿QUÉ HACEN LUCÍA Y CANDELA?

2. Corrige las frases incorrectas.

a. Candela y Lucía están en un centro comercial.
b. Lucía quiere comprar unas gafas de sol.
c. A Candela le gustan las gafas grandes.
d. Lucía se prueba las gafas negras.
e. Candela compra las gafas negras.
f. Las gafas cuestan 110 euros.
g. Candela paga en efectivo.

LOS COLORES

3. Ordena los colores de estos jerseys.

OBSERVA · ESCRIBE

☐ 1 rojo ☐ amarillo ☐ azul ☐ naranja ☐ verde ☐ rosa

CATÁLOGO

OBSERVA ESCRIBE

4. Observa esta ropa y escribe el nombre y el color de cada prenda.

1 *botas marrones*

2 deportivas ....

3 calcetines ....

4 cazadora ....

5 ....

6 ....

7 ....

8 ....

9 ....

10 ....

EN LAS REBAJAS

LEE

5. Ordena el diálogo entre la dependienta y el cliente.

- ☐ **Dependienta:** ¿Cómo le quedan?
- ☐ **Cliente:** Con tarjeta de crédito.
- ☐ **Dependienta:** Buenas tardes, ¿puedo ayudarlo?
- ☐ **Cliente:** Me quedan bien, me los llevo, ¿cuánto cuestan?
- ☐ **Dependienta:** ¿De qué talla?
- ☐ **Cliente:** Sí, claro.
- ☐ **Cliente:** Quería unos pantalones vaqueros.
- ☐ **Dependienta:** 40 euros. Están rebajados. ¿Cómo va a pagar, en efectivo o con tarjeta?
- ☐ **Cliente:** De la 40 o 42.
- ☐ **Dependienta:** ¿Quiere probárselos?

COMPRAR EN UNA TIENDA

A	B
¿Puedo ayudarlo/la? ¿Qué desea? ¿De qué talla? ¿De qué color? ¿Cómo va a pagar?	Sí, quiero... Quiero.../Quería... De la talla... Rojo, verde, etc. ¿Qué precio tiene? En efectivo/Con tarjeta.

PREGUNTAR SI SE PUEDE

A. ¿Me puedo probar esta falda?
B. Sí, claro.

PREGUNTAR EL PRECIO

A. ¿Cuánto cuestan estos zapatos?
B. 75 euros.

EN LA SECCIÓN DE ROPA

INTERACTÚA

6. En parejas. Representa un diálogo.

Dependiente/a	***Cliente***
Saluda y pregunta si puedes ayudarlo.	Saluda y pide un jersey.
Pregunta el color.	Responde.
No tienes ese color.	Pide otro.
Pregunta la talla.	Responde.
Responde.	Te lo quieres probar.
Di el precio.	Te gusta. Pregunta el precio.
Pregunta cómo va a pagar.	Responde.

EDUARDO SE COMPRA UN TRAJE

2 ESCUCHA

1. **Escucha y lee el diálogo entre Eduardo y el dependiente y marca la opción correcta.**

Dependiente: ¿Cómo le queda el traje?
Eduardo: No muy bien. Me parece que los pantalones me quedan cortos y la chaqueta un poco estrecha.
Dependiente: Sí, tiene razón, ahora le traigo una talla más grande.
Dependiente: ¿Qué tal ahora?
Eduardo: Mejor, pero ahora las mangas de la chaqueta me quedan largas.
Dependiente: No importa. Podemos cortarlas un poco. ¿Ya no le queda estrecha?
Eduardo: No, ni estrecha ni ancha. Me queda perfecta, ¿verdad?
Dependiente: Sí, sí, le queda muy bien. ¿Desea alguna cosa más?
Eduardo: Sí, una corbata para este traje.
Dependiente: ¿Le gustan estas corbatas modernas o prefiere las clásicas?
Eduardo: No sé... quizá una corbata clásica, de rayas.
Dependiente: ¿Qué le parecen estas dos? La roja es muy bonita.
Eduardo: No, me gusta más la de rayas azules y blancas, creo que es más elegante.
Dependiente: Sí, estoy de acuerdo, es más elegante.

A2 DELE

a. A Eduardo le parece que el primer traje le queda:
1. bien. 2. regular. 3. mal.

b. Dice que los pantalones están:
1. cortos. 2. largos. 3. bien.

c. El dependiente:
1. está de acuerdo. 2. no está de acuerdo. 3. no dice su opinión.

d. El segundo traje le queda:
1. mejor. 2. peor. 3. igual.

e. La chaqueta le queda:
1. ancha. 2. estrecha. 3. perfecta.

f. A Eduardo:
1. le gusta más la corbata clásica. 2. le gusta más la moderna. 3. le da igual.

g. Eduardo cree que la corbata azul y blanca de rayas es:
1. más elegante. 2. menos elegante. 3. igual de bonita que la otra.

PARA AYUDARTE

PEDIR OPINIONES	DAR OPINIONES
¿Qué te/le parece esta chaqueta?	Está/Le queda...
¿Cómo me/te/le queda el abrigo?	Perfecto/(Muy) Bien
¿Qué tal le quedan los pantalones?	No está(n) mal/Regular/(Muy) Mal

- Es bonita, ¿verdad? - Sí, es muy bonita/Bueno... no sé, a mí no me gusta.
Me parece que es...

me = a mí; te = a ti; le = a usted

¿CÓMO ME QUEDA?

COMUNICA

2. Estos cuatro amigos te preguntan cómo les queda esta ropa. Mira las ilustraciones y diles tu opinión.

a.

b.

c.

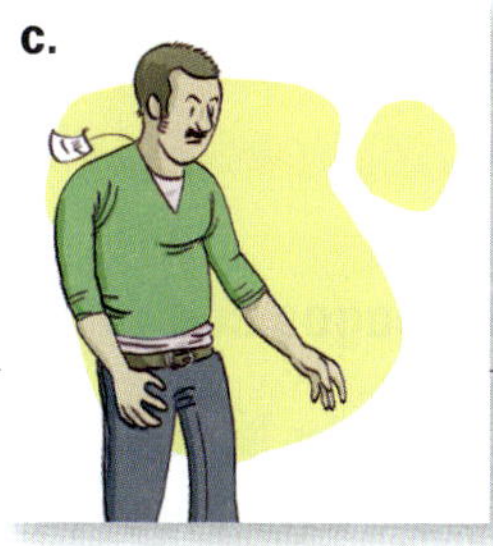

d.

¡OPINA!

INTERACTÚA

3. En parejas, describe la ropa de estas personas.

Pregunta a tu compañero su opinión y responde a sus preguntas.

PARA AYUDARTE

bonito - feo alto - bajo grande - pequeño
precioso - horrible elegante cómodo moderno

¿QUÉ PREFIERES?

INTERACTÚA

4. a. Haz una encuesta en la clase a tres de tus compañeros. Utiliza estas preguntas y prepara otras cuatro.

1. ¿Qué te gusta más: comprar mucha ropa barata, o poca y más cara?
2. ¿Qué prefieres: una discoteca con música alta, o un bar o pub tranquilo?
3. ¿Qué te gusta más: hacer fiestas en tu casa o ir a fiestas en casa de amigos?
4. ¿Qué prefieres: comer tapas variadas o una comida de dos platos y postre?

Preferir se conjuga como *querer*: *prefiero*

b. Escribe un resumen de las respuestas de tus compañeros y léelo a la clase.

Por ejemplo: *A todos les gusta más el cine que el teatro.*
Unos prefieren la comida china y otros, la italiana.

A2 DELE — INTERACTÚA

POR CORREO ELECTRÓNICO

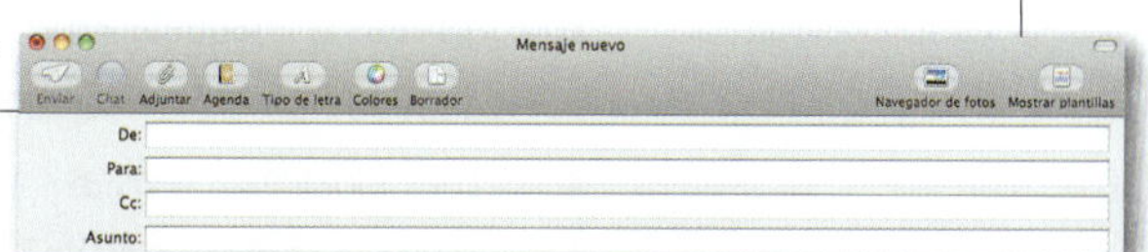

5. Escribe a un amigo un correo explicando qué ropa llevas normalmente y cuáles son tus gustos en ropa.

Puedes... Utilizar los pronombres personales de complemento directo y el relativo *que*.

Evalúate

Total ____ / 37

PRONOMBRES PERSONALES DE COMPLEMENTO DIRECTO

	Singular	Plural
Masculino	*lo*	*los*
Femenino	*la*	*las*

Concuerdan en género y número con la palabra que sustituyen. Se colocan delante del verbo.

- *¿Compras el pan todos los días?*
- *Sí, **lo** compro todos los días.*

1. Completa los diálogos con *lo, los, la, las.*

a. – Señor, ¿le quedan bien las botas?
– Sí, me .... llevo.

b. – Mira este traje de chaqueta negro, ¿te gusta?
– Sí, es muy elegante, ¿me .... pruebo?

c. – Voy a hacer té, ¿cómo .... quieres?
– Con limón, por favor.

d. – Pepa, esa blusa te queda muy bien.
– Pues me .... compro.

e. – ¡Qué jersey de lana tan bonito!
– ¿Me .... pruebo? No tengo jersey de invierno.

f. – Teresa, ¿cómo te quedan los vaqueros?
– Genial. Me .... llevo.

g. – ¿Por qué miras tanto los bombones de chocolate? ¿.............................. vas a comprar?
– Creo que sí. ¡Qué ricos!

h. – Ese apartamento del centro es precioso y el alquiler no es caro.
– ¿.............................. vas a alquilar?

/ 8

2. Subraya el complemento directo y contesta a las preguntas como en el ejemplo.

a. - ¿Compras los libros de inglés en España? - Sí, **los** compro en España.

b. - ¿Se lleva la chaqueta azul? - Sí, me ....

c. - ¿Sabe su número de acceso a la cuenta? - No, no ....

d. - ¿Lees todas esas revistas? - Sí, ...

e. - ¿Haces la compra a diario? - No, no ....

f - ¿Compras discos por Internet? - Sí, ...

g. - ¿Tienen el precio puesto estos zapatos? - No, no ....

h. - ¿Lees tus correos electrónicos todos los días? - Sí, ...

/ 7

EL PRONOMBRE RELATIVO *QUE*

Se utiliza para unir frases y no repetir las informaciones sobre cosas, personas y lugares.

Me pruebo una falda. Esta falda es muy bonita.
Me pruebo esta falda ***que*** *es muy bonita.*

3. Forma una sola frase con *que* para evitar la repetición.

a. Estas revistas son de moda. Me gustan estas revistas.
b. Quiere comprar una chaqueta. Compra la chaqueta roja.
c. Me gusta comprar libros. Compro libros originales.
d. ¡Qué bonitos estos zapatos! Estos zapatos son modernos. Estos zapatos son negros.
e. Compro muchos discos. Compro discos de música latina.
f. No me quedan bien todos los pantalones. Los pantalones estrechos me quedan bien.

/6

VERBOS *QUEDAR, PARECER, GUSTAR*

(A mí)	me	
(A ti)	te	
(A él/ella/Ud.)	le	queda/n
(A nosotros/as)	nos	parece/n
(A vosotros/as)	os	gusta/n
(A ellos/as/Uds.)	les	

El verbo ***quedar*** se conjuga como el verbo ***gustar*** (con los pronombres *me, te, le, nos, os, les*): se utiliza para expresar opinión. Va acompañado de un adverbio: *bien, mal, regular,* etc.

- *¿Cómo me quedan estos vaqueros?*
- *Te quedan muy bien.*

El verbo ***parecer*** se conjuga como el verbo ***gustar*** (con los pronombres *me, te, le, nos, os, les*) cuando se utiliza para expresar opinión.

Me parece + adjetivo

- *¿Qué te parece mi vestido nuevo?*
- *Me parece precioso.*

Otra construcción con el verbo *parecer:*

Me parece que + frase

A mí me parece que los supermercados son muy caros.

4. Corrige el orden de las palabras en las frases.

a. Este traje queda te estrecho.
b. Las camisas no me de flores gustan nada.
c. A mí que muy delgada me parece estás.
d. Estas de sol gafas preciosas nos parecen a nosotros.
e. Mi novio deportiva la ropa prefiere.
f. Estos pantalones algodón de quedan le muy cortos.
g. Las faldas cuero de encantan me.
h. Marta los vestidos amplios prefiere.

/8

5. Completa las frases con los verbos *quedar/parecer/gustar* en singular o plural.

a. Estas gafas te .... muy bien. Estás muy guapa con ellas.
b. A mí me .... que tu coche es estupendo.
c. A ellos no les .... las aceitunas, pero el pepino sí.
d. A mis amigas les .... caras estas tiendas de ropa.
e. A nosotros nos .... las prendas de algodón, son más naturales.
f. A mi novio no le .... bien el pelo corto. Prefiere llevarlo largo.
g. Tu casa me .... preciosa, es muy grande y luminosa.
h. A mis primos no les .... nada los deportes de riesgo.

/8

RECURSOS ▶ Eres capaz de... Describir la ropa y dar tu opinión

ESCRIBE 1. Describir el material y el diseño.

a. Lee la tabla de materiales y marca las características con una cruz (x).

Materiales	frescos	de abrigo	caros	naturales	fáciles de lavar
Algodón 					
Lana 					
Sintético 					
Seda 					
Piel 					

Diseño

b. Mira a tus compañeros y señala alguna prenda describiendo el material y tipo de tejido, color y diseño.

Ejemplo: Anne lleva un jersey de lana de rayas rojo y azul.

LEE 2. Problemas al comprar.

A2 DELE

Lee los diálogos, relaciónalos con las fotos y di si el problema está solucionado o no.

1. - Aquí tiene mi tarjeta de crédito.
   - ¿Me enseña el carné o el pasaporte?
   - No tengo el carné. ¿Puede reservarme la chaqueta hasta mañana?
   - Sí, no se preocupe.
2. - No tengo esta talla.
   - ¿Se puede pedir? ¿Cuánto tarda normalmente?
   - Ahora llamo. Un momento, por favor.
3. - Me quedan largos los pantalones. ¿Se pueden arreglar?
   - Sí, claro, hacemos todos los arreglos gratis.

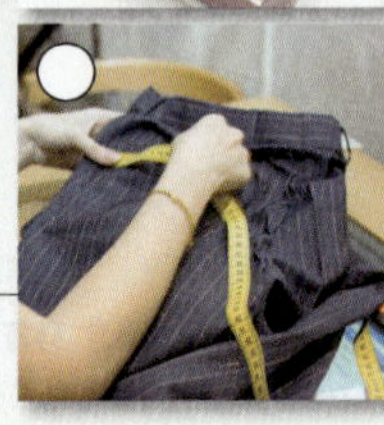

PRONUNCIACIÓN Y ORTOGRAFÍA

LAS LETRAS *Z* Y *C*, CON SONIDO /θ/

CONTRASTE CON SONIDOS PARECIDOS

ESCUCHA 3 1. ¡A pronunciar!

Escucha y repite estas palabras. Todas contienen el sonido /θ/.

a. zapato **c.** centro **e.** comercial
b. zoo **d.** azul **f.** parezco

Escucha otra vez y subraya las letras que suenan /θ/.

ESCUCHA 4 2. Elige.

Escucha y marca de cada pareja la palabra que oyes.

	a	b	c	d	e	f	g	h
1	cocido	zueco	cazar	cedo	cazo	cacé	ceda	aceite
2	cosido	sueco	callar	dedo	caso	café	seda	afeite

ESCRIBE

1. Los complementos.

Escribe el nombre en su sitio.

los guantes
el gorro
la bufanda
las sandalias
el pañuelo
la pulsera

ESCRIBE

2. Ropa y zapatos.

Clasifica las palabras en su categoría.

liso, de plástico, corto, la corbata, de piel, las botas, de rayas, los vaqueros, seda, la blusa, largo, la cazadora, las zapatillas de deporte, los calcetines, lana, la minifalda, ancho, las sandalias, estrecho, algodón, de lunares, de cuadros, el jersey

ROPA	ZAPATOS	DESCRIPCIÓN	MATERIALES

COMUNICA

3. ¿Cómo es?

Haz combinaciones con la ropa, los complementos o los zapatos y los materiales, el color y el diseño. *Ejemplo: Un bolso rojo de piel, moderno.*

ESCRIBE

4. ¿Qué es? Completa las frases con la opción correcta.

a. En invierno siempre llevo guantes de .... Soy muy friolera.	1. lana	2. seda
b. Cuando vamos a la montaña, nos ponemos .... para andar mejor.	1. las sandalias	2. las botas
c. En mi trabajo siempre debo ir con traje de chaqueta y	1. cinturón	2. corbata
d. Me gustan los .... grandes para poder llevar muchas cosas.	1. bolsos	2. cinturones
e. En verano siempre visto ropa de .... Es lo más fresco.	1. cuero	2. algodón
f. A mi hermana le gustan los vestidos .... Son muy alegres.	1. de lunares	2. negros
g. Esta .... es muy agradable. Es de lana.	1. corbata	2. bufanda
h. Los fines de semana me pongo ropa muy informal, unos .... y un jersey.	1. vaqueros	2. pantalones

LEE

5. Cómodo y elegante.

Tacha la palabra que es diferente.

a. elegante, cómodo, moderno, delgado
b. bolso, gafas, pantalón, cinturón
c. minifalda, sandalias, botas, zapatillas
d. lana, bufanda, algodón, seda
e. bonito, mal, estupendo, genial
f. chaqueta, cazadora, jersey, falda
g. estrecho, grande, corto, pequeño
h. de cuadros, piel, liso, de rayas

ACTÚA Eres capaz de... Actuar en español

LEE

ZARA

ÚLTIMA SEMANA
...
MUJER
TRF
HOMBRE
NIÑOS
CAMPAÑA
LOOKBOOK
PEOPLE!
EVENTOS
FW11FILMS

TIENDAS
NEWSLETTER
PRENSA
EMPRESA
CONTACTO

AÑADIR A LA CESTA

- ☐ Pantalón azul
  Ref: 561/236
  18,95 €
- ☐ Camisa de cuadros
  Ref: 238/122
  15,95 €

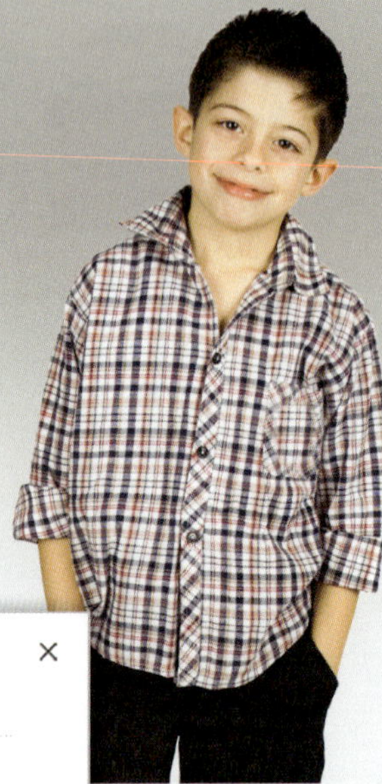

CÓMO COMPRAR

VÍDEO GUÍA
CÓMO COMPRAR
INFORMACIÓN GENERAL
PAGO
ENVÍO
DEVOLUCIONES
CAMBIOS
TECNOLOGÍA

Comprar en Zara.com es muy sencillo. Sigue los siguientes pasos:

1. Elige la sección (mujer, hombre, niños) y la familia (tipo de prenda: falda, chaqueta, pantalón, etc.).
2. Mira el producto que te interesa. Con un clic puedes ver la fotografía más grande y ver el producto por detrás, la composición, las tallas disponibles, la referencia y el precio.
3. Selecciona una prenda y añade el artículo a la cesta.
4. Para hacer un pedido, regístrate.
5. Después de escribir tus datos, comprueba si son correctos y pulsa *confirmar.*
6. Selecciona una tarjeta de crédito y confirma el pedido.
7. Recoge tu pedido en una de nuestras tiendas de Zara o recibe el producto por correo en tu casa.

INFORMACIÓN GENERAL

VÍDEO GUÍA
CÓMO COMPRAR
INFORMACIÓN GENERAL
PAGO
ENVÍO
DEVOLUCIONES
CAMBIOS
TECNOLOGÍA

- **¿Cuánto va a tardar en llegar mi pedido?**
  Los envíos a la tienda tardan entre 3 y 5 días, los envíos a domicilio 2-3 días.
- **¿Cuánto pago por los gastos de envío?**
  Los envíos a la tienda son gratuitos. Los envíos a domicilio son 3,95 €.
- **¿Cómo puedo devolver un artículo?**
  Es muy sencillo: en una de nuestras tiendas Zara (las prendas en perfecto estado y con su *ticket*). La ropa interior no se cambia.

LEE

1. La tienda *on-line*.

Lee la página web de Zara y corrige los errores de las frases siguientes.

a. Todos los productos están mezclados.
b. Pulsando la tecla del ratón, la imagen se ve más grande, nada más.
c. Después de seleccionar la prenda la compras directamente.
d. Puedes pagar con dinero en metálico o con cheque.
e. Es necesario ir a una tienda Zara a recoger el pedido.
f. Los envíos a la tienda tardan menos que a casa.
g. Todos los envíos cuestan casi 4 €.
h. Toda la ropa se puede devolver.

ESCUCHA 5

2. Marta compra ropa por Internet.

Marta y María están mirando la página web de Zara. Escucha y contesta las preguntas.

- **a.** ¿Qué busca Marta?
- **b.** ¿Qué prefiere María?
- **c.** ¿Cuánto vale?
- **d.** ¿Qué problema plantea Marta?
- **e.** ¿Cuál es la solución que sugiere María?
- **f.** Después de elegir el producto, ¿dónde hace clic Marta?
- **g.** ¿Qué tiene que escribir Marta, además de sus datos personales?

COMUNICA

3. El regalo.

En grupos de 3 o 4. Tenéis que hacer un regalo a un amigo.
Decide con tu grupo:

¿Cuánto dinero gastáis?

¿Qué regalo le compráis?

Cada miembro del grupo presenta una sugerencia, si es posible mostrando una foto (del libro, por ejemplo) o mostrando el objeto (ropa o complemento). Todos dicen su opinión y sus preferencias.

interactúa — Compras por Internet

A2 DELE

En parejas. A manda a B un correo con las fotos de dos artículos de ropa de una tienda *on-line* y le pregunta cuál le gusta más, porque no sabe cuál elegir.

¿Qué artículo te gusta más?

¿Por qué?

Da un consejo a tu amigo sobre la compra *on-line*.

CONOCES...

Las tiendas de ropa preferidas de los españoles

LEE

Internet

Cada vez más gente compra ropa por Internet, aunque menos que en otros países. Los precios son más bajos que en las tiendas y es muy cómodo comprar. Sin embargo, a veces los envíos no llegan o la talla no es la adecuada... Entonces hay que devolver la ropa y eso puede ser complicado.

Las *boutiques*

Son pequeñas tiendas de ropa y complementos de marca. La ropa es más cara que en los grandes almacenes, pero es más original, ya que son diseños exclusivos. Estas *boutiques* ofrecen ropa de diferentes estilos: clásico, moderno, etc.

Las tiendas de moda

La mayoría de los españoles compra en tiendas de moda muy conocidas. Son marcas que ofrecen ropa con diseños de moda a precios no muy altos, las más conocidas son Zara y Mango. Estas tiendas también ofrecen rebajas interesantes en enero y en julio.

Los mercadillos callejeros

En los mercadillos se compra ropa muy barata: a veces con un pequeño defecto o de la temporada pasada. Los mercadillos están en los barrios de las ciudades y en muchos pueblos. Los puestos se instalan un día a la semana, sábado, domingo o entre semana.

Los grandes almacenes

En las ciudades mucha gente compra la ropa en los grandes almacenes. Situados en grandes edificios, su particularidad es que «tienen de todo»: todas las marcas y todas las tallas. En las rebajas de enero, después de las Navidades y del Día de Reyes, el 6 de enero, y en julio se llenan de gente que quiere comprar más barato: entre un 15% y un 40% normalmente. El gran almacén más conocido en España es El Corte Inglés.

Ir de compras

Además, a mucha gente le gusta «ir de compras» con amigos: dar un paseo, charlar, entrar en varias tiendas, ver cosas bonitas, tomar un café o unas tapas... ¡ah, sí!, y además, con un poco de suerte, comprar algo que necesitas de verdad.

Contesta a las preguntas.

1. ¿Qué tipo de tienda prefiere la gente para comprar ropa?
2. ¿Cuándo hay rebajas?
3. Si no quieres vestir igual que todo el mundo, ¿en qué tipo de tienda debes comprar tu ropa?
4. ¿Cuándo puedes comprar en un mercadillo de la calle?
5. ¿Qué ventajas tiene comprar por Internet?
6. ¿Qué se entiende en el texto «Ir de compras»?
   a. Es difícil comprar cosas necesarias.
   b. El autor se olvidaba de las cosas necesarias que se compran.
   c. Comprar cosas necesarias no es lo más importante cuando se va «de compras».
7. ¿Y a ti, te gusta ir de compras?

¿Y tú, qué compras por Internet? ¿Por qué?

1. Billetes de viaje
2. Libros
3. Entradas
4. La compra
5. Tecnología
6. Nada
7. Otras cosas...

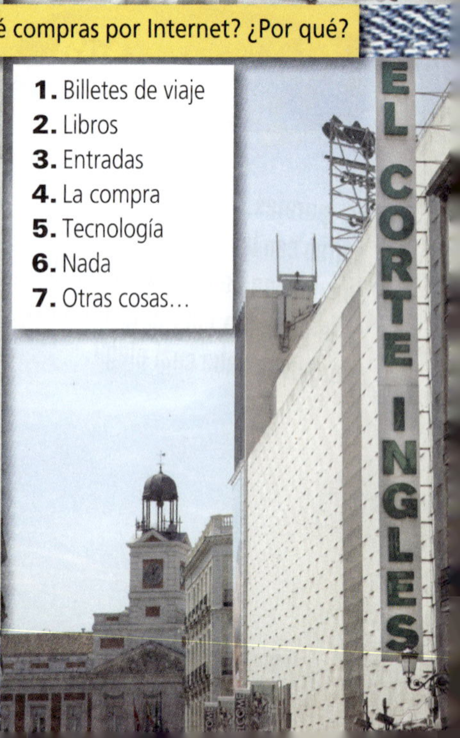

Lanzarote, islas Canarias, España

QUEDAR CON AMIGOS

2

Competencia pragmática

Eres capaz de...

- quedar con alguien (II)
- invitar, aceptar o rechazar una invitación
- hablar de lo que haces ahora
- decir cuándo se celebra algo

Competencia lingüística

Puedes...

- usar *tener que* + infinitivo
- usar *estar* + gerundio
- conjugar los verbos irregulares: *oír*, *jugar* y *conocer*

Competencia léxica y sociolingüística

Conoces...

- los meses del año y las estaciones
- los nombres de las actividades de ocio
- los Sanfermines

Interactúa

- quedas este fin de semana

MIRA ESTAS FOTOS Y EXPLICA LO QUE ESTÁN HACIENDO.

1. ... están tomando un café
2. ... están jugando con una pelota
3. ... están hablando
4. ... están comiendo
5. ... está bebiendo
6. ... están riendo

¿QUÉ COSAS TIENES QUE HACER ESTA SEMANA?

LEE LA LISTA Y ELIGE UNA O DOS COSAS. TAMBIÉN PUEDES PONER EJEMPLOS REALES.

1. Tengo que visitar a mis padres.
2. Tengo que hacer la compra.
3. Tengo que estudiar para un examen.
4. Tengo que hacer un trabajo/informe.
5. Tengo que devolver un libro/CD.
6. Tengo que comprar ropa/unos zapatos.
7. Tengo que pagar una factura.
8. Tengo que comprar un regalo para...

Quedar con alguien (II)

Pablo y Eva quedan para el fin de semana.

¿VIENES A COMER A MI CASA? 6

ESCUCHA

1. Escucha el diálogo. Contesta verdadero o falso y corrige la información.

Pablo: Hola, Eva, ¿vienes a comer a mi casa el viernes?

Eva: Ay, lo siento, el viernes no puedo, es que tengo trabajo.

Pablo: Bueno, pues entonces, ¿nos vemos el sábado y vamos al cine?

Eva: No, el sábado imposible. Lo siento, tengo que hacer muchas cosas. ¿Por qué no quedamos el domingo?, ¿qué te parece?, ¿comemos fuera y luego vamos al cine o al teatro?

Pablo: Vale. ¿A qué hora quedamos?

Eva: ¿Nos vemos a las dos en el restaurante Los Asturianos?

Pablo: No sé, la verdad es que no me apetece mucho comer fuera. ¿Por qué no vienes a mi casa y hago una paella?

Eva: Perfecto, tú haces la paella y yo llevo un postre rico, ¿de acuerdo?

Pablo: Genial. Nos vemos en mi casa, el domingo a las dos de la tarde. Después de comer vamos al cine o al teatro, ¿vale?

Eva: Estupendo. ¡Un plan perfecto!

	V	F
a. Pablo invita a Eva a comer el viernes en su casa.	☐	☐
b. Eva no puede quedar el viernes, tiene trabajo.	☐	☐
c. Pablo propone ir al cine el viernes.	☐	☐
d. Eva prefiere quedar el sábado.	☐	☐
e. Pablo sugiere comer en el restaurante Los Asturianos.	☐	☐
f. A Pablo no le apetece y sugiere cocinar una paella en su casa.	☐	☐
g. Eva acepta la invitación y dice que ella lleva la bebida.	☐	☐
h. Pablo y Eva quedan el domingo a las tres de la tarde en casa de Pablo.	☐	☐

ACEPTAN O RECHAZAN

LEE

2. Lee el diálogo y subraya lo que dicen Pablo y Eva para aceptar o rechazar la propuesta del otro. Escribe las expresiones en estas columnas.

ACEPTAR UNA INVITACIÓN	RECHAZAR UNA INVITACIÓN

¿TE APETECE?

INTERACTÚA

3. En grupos, invita a tus compañeros a hacer algunas de las siguientes cosas. Ellos aceptan o rechazan según sus gustos.

a. Ir a un cibercafé.
b. Tomar unas tapas.
c. Visitar una exposición.
d. Ir a un musical.
e. Ir a ver un partido de fútbol/tenis/rugby...
f. Probar un restaurante nuevo.
g. Ir de compras a un mercadillo.
h. Ver una película en versión original.

Ejemplo:
- *María, ¿vamos al mercadillo mañana por la mañana?*
- *Lo siento, por la mañana es imposible, tengo clase de Pilates.*

PARA AYUDARTE

INVITAR O PROPONER HACER ALGO

¿Vienes a comer a casa el viernes?
¿Quedamos mañana a las 10?
¿Vamos el sábado al cine?
¿Te apetece salir a cenar?
¿Por qué no vienes a mi casa a comer?
¿Por qué no quedamos el domingo?
¿Por qué no vamos al cine por la tarde?

ACEPTAR	RECHAZAR UNA INVITACIÓN
Vale./De acuerdo. ¡Perfecto!/Sí, me apetece mucho.	No puedo. Tengo que trabajar./El sábado imposible. Lo siento. La verdad es que no tengo tiempo./No, lo siento. No me apetece mucho.

Cuando rechazan una invitación los españoles añaden *lo siento* o *es que* para suavizar y justificarse.

¿QUÉ HACEMOS ESTE FIN DE SEMANA?

LEE

4. Ordena el diálogo.

- ☐ **Marta:** Vale, de acuerdo. Vamos a dar una vuelta y comemos algo.
- ☐ **Pedro:** ¿Por qué? ¿Es que tienes que estudiar?
- ☐ **Pedro:** Marta, ¿vamos a las carreras de caballos este fin de semana?
- ☐ **Marta:** No, no tengo que estudiar por ahora. Es que viene mi tía a visitarnos y quiero ir con ella de compras el viernes. Y la verdad es que no me apetece mucho ir a las carreras de caballos.
- ☐ **Pedro:** Bueno, ¿y por qué no vamos al campo el sábado?
- ☐ **Marta:** El sábado imposible, mi tía se queda todo el día.
- ☐ **Marta:** ¿Este fin de semana? No sé, me parece que no puedo.
- ☐ **Pedro:** Entonces, vamos a dar una vuelta y picamos algo el domingo, ¿vale?

Calle con mesones, Madrid

ESTOY ABURRIDO

INTERACTÚA

5. Invita a salir a varios compañeros. Completa tu agenda para el fin de semana. Tú eres A y tus compañeros, B.

A. Invita a hacer algo el fin de semana.
B. Rechaza la invitación porque tienes que hacer algo.
A. Insiste y sugiere otro día.
B. Acepta la invitación, pero sugiere hacer otra cosa/actividad.
A. Acepta y queda con tu compañero.
B. Acepta y di adiós.

	SÁBADO	DOMINGO
MAÑANA	*café con Thomas*	
TARDE		
NOCHE		

A2 DELE

2 Eres capaz de... Hablar de lo que haces ahora

Lección 2

Alicia está enseñando sus fotos de vacaciones a Luis.

RECUERDOS DEL VERANO

7

ESCUCHA

1. Mira las fotos, escucha el diálogo sin leerlo y marca el orden en el que ven las fotos. Después escucha otra vez, lee y contesta las preguntas.

Alicia: Mira, Luis, esta foto es de Cartagena de Indias. Aquí estoy montando en bici por el centro de la ciudad.

Luis: Sí, y la gente te está mirando.

Alicia: Por eso estoy riéndome, mira, ja, ja.

Luis: ¿Y esta?

Alicia: ¡Ah!, estas son mis amigas Elisa y Carmela. Están comiendo en la terraza de un restaurante. Me lo paso muy bien con ellas.

Luis: Y en esta otra foto estás con Carmela, ¿verdad?

Alicia: Sí, aquí estamos tomando el sol en la playa.

Luis: ¡Qué envidia! ¡En octubre y en la playa! Seguro que el agua no está nada fría, ¿verdad?

Alicia: Está buenísima. ¿Ves a estos niños? Están nadando.

Luis: Y esta foto también es de la playa. ¿Quién es ese?

Alicia: Este es mi amigo Gerardo. Está haciendo *windsurf*. Es muy simpático.

a. ¿En qué ciudad se ve a Alicia montando en bici?
b. ¿Por qué está riéndose Alicia?
c. ¿Qué están haciendo Elisa y Carmela?
d. ¿Con quién está Alicia tomando el sol en la playa?
e. En una foto de la playa unos niños están nadando. ¿Qué demuestra eso?
f. ¿Quién está practicando *windsurf*?

PARA AYUDARTE

Estar* + gerundio *(-ando, -iendo) se utiliza para acciones en curso.

montar: *...está montando* ***hacer:*** *...estamos haciendo*
reír: *...me estoy riendo*

TODOS ESTÁN OCUPADOS

INTERACTÚA

2. En parejas. B llama por teléfono para hablar con alguien, A contesta el teléfono y explica por qué no puede ponerse una persona, o decide que sí puede ponerse. Mira las fotos.

Ejemplo:

B: *¿Está Alicia, por favor?*
A: *Alicia está durmiendo. Ahora no puede ponerse. Llame más tarde, por favor.*
B: *Vale, gracias.*

¡OJO!

Ducharse es un verbo reflexivo. Se dice *estar duchándose*.

Alicia — Eduardo — Elisabetta — Roberto — Eva — Javier

COMUNICA

¡MÍMICA!

3. **En grupos: Por turnos, cada miembro del grupo representa con mímica una de estas acciones:**

Si tras 30 segundos nadie adivina qué se está representando, se acaba el turno. El primer jugador que adivina el verbo gana un punto. Se hacen dos rondas. Gana el jugador que acumula más puntos.

Podéis añadir más acciones.

Ejemplo: *Elena está hablando por teléfono.*

Acciones

bailar - bailando
leer - leyendo
reírse - riéndose
beber - bebiendo
jugar - jugando (al golf / tenis)
comer - comiendo
cantar - cantando
escribir - escribiendo (con un bolígrafo / con un teclado de ordenador)
esquiar - esquiando o practicando esquí
lavarse - lavándose los dientes
dormir - durmiendo

HABITUALMENTE O AHORA

ESCRIBE

4. **Completa este diálogo con los verbos entre paréntesis en presente o *estar* + gerundio.**

- ¿Estudias o (trabajar) ....?
- Bueno, este verano (trabajar) .... de camarera para ganar un poco de dinero, pero soy estudiante, (estudiar) .... Ingeniería Industrial en la universidad.
- ¿Y qué deportes (practicar) .... habitualmente?
- Yo (jugar) .... al pádel y (montar) .... en bici. Ahora tengo una lesión en la mano derecha, por eso no (jugar) .... nada al pádel, pero sí (montar) .... en bici casi todos los días.

PARA AYUDARTE

Monto en bici = lo hago habitualmente

Ahora, estoy montando en bici = lo estoy haciendo ahora mismo

Estoy montando en bici mucho este verano = lo hago con mucha frecuencia actualmente

¿CUÁNDO LO HACES?

INTERACTÚA

5. **En parejas. Pregunta a tu compañero por cosas que hace habitualmente, y si las hace en la actualidad (no ahora mismo, sino hoy, esta semana, este mes, este año).**

Puedes usar este vocabulario:

practicar deportes (jugar al...), ir a clases de..., estudiar, trabajar, salir al campo, hacer fotos (dibujar/pintar), leer libros, ir al gimnasio, conducir (montar en bici/en moto/a caballo)

2 Puedes...

Usar *tener que* + infinitivo, *estar* + gerundio y conjugar verbos irregulares

Evalúate

Total ____ / 41

TENER + *QUE* + INFINITIVO		
(Yo)	*tengo*	Se usa para expresar una **obligación personal**.
(Tú)	*tienes*	*Todos los días tengo que ir a trabajar*
(Él/ella/Ud.)	*tiene*	
(Nosotros/as)	*tenemos* + *que* + infinitivo	
(Vosotros/as)	*tenéis*	
(Ellos/as/Uds.)	*tienen*	

1. En cada frase, escribe una respuesta con *tener que* + verbo entre paréntesis.

a. - Mis hijos se pasan el día entero corriendo y luego están agotados.
- .... (descansar más)

b. - Estoy engordando, como demasiado.
- .... (adelgazar unos kilos)

c. - Mi jefa se pasa todo el día en la oficina.
- .... (trabajar menos y divertirse más)

d. - Adrián y Miguel, vuestro dormitorio está muy desordenado.
- .... (ordenarlo)

e. - Quiero ir a Australia a trabajar.
- .... (aprender inglés)

f. - La profesora nos manda leer varios libros.
- Si queremos aprobar, ... (leerlos)

/ 6

ESTAR + GERUNDIO	
(Yo)	*estoy*
(Tú)	*estás*
(Él/ella/ Ud.)	*está*
(Nosotros/as)	*estamos* + gerundio
(Vosotros/as)	*estáis*
(Ellos/as/Uds.)	*están*

GERUNDIOS REGULARES	
-AR	-ER/-IR
-ando *trabajando*	*-iendo* *aprendiendo* *escribiendo*

ALGUNOS GERUNDIOS IRREGULARES	
leer	*leyendo*
dormir	*durmiendo*
ir	*yendo*
venir	*viniendo*
reír	*riendo*

Se usa para hablar de acciones que se realizan ahora mismo o con frecuencia en la actualidad.
Estoy leyendo un buen libro. Ahora, en verano, estoy comiendo menos.

2. Completa las columnas con la forma adecuada.

INFINITIVO	GERUNDIO
a. *bailar*	....
b.	*leyendo*
c. *escribir*	....
d.	*jugando*
e. *hacer*	....
f.	*estudiando*
g. *ver*	....
h.	*comiendo*
i.	*riendo*
j. *tener*	....

/ 10

3. Completa los huecos de la carta con la perífrasis *estar* + gerundio.

Querida Leonor:

¿Qué tal va todo? Te escribo para contarte lo que (hacer) .... aquí todos nosotros.

Como sabes, estamos de vacaciones en Málaga. Mis hermanos pequeños (estudiar) .... porque tienen exámenes en septiembre. Mi novia y yo (jugar)............................ .... mucho al tenis últimamente. También (salir) .... a correr por la playa ahora por las tardes. Ya ves, hacemos mucho ejercicio, no como mi padre, que (trabajar) .... en Madrid todavía. Este verano, mamá (practicar)....................... .... mucho yoga, le encanta. Parece que Eduardo (ver) .... la tele en el salón. En el cuarto de Sonia (sonar) .... la radio, así que supongo que (bailar) ...., como siempre. Su profesora le recomienda leer, pero como su pasión es bailar...

¿Y tú? ¿Dónde (pasar) .... las vacaciones tú y tus hermanos? Cuéntame todo, ¡y pronto!

Un fuerte abrazo,
Sergio

/ 10

El **presente simple** se utiliza con expresiones de tiempo como *siempre, en general, todos los días.*

***Estar* + gerundio** se utiliza con expresiones de tiempo como *ahora (mismo), hoy, en este momento.*

4. Completa las frases con los verbos en presente simple o con *estar* + gerundio.

a. Todos los días (comprar, yo) .... el periódico.

b. Escucha, Jorge (tocar) .... el piano otra vez.

c. Hijo, ¿te (lavar) .... las manos siempre antes de comer?

d. No puedo contestar el teléfono ahora, (ducharse, yo) ....

e. Mi hijo Arturo (jugar) .... al tenis muy bien.

f. Este año (ir, yo) .... al gimnasio en lugar de ir a clases de Pilates, como antes.

/ 6

PRESENTE DE INDICATIVO DE VERBOS IRREGULARES

	JUGAR U>UE	OÍR	CONOCER C>ZC
(Yo)	*juego*	*oigo*	*conozco*
(Tú)	*juegas*	*oyes*	*conoces*
(Él/ella/Ud.)	*juega*	*oye*	*conoce*
(Nosotros/as)	*jugamos*	*oímos*	*conocemos*
(Vosotros/as)	*jugáis*	*oís*	*conocéis*
(Ellos/as/Uds.)	*juegan*	*oyen*	*conocen*

El verbo *oír* tiene varias irregularidades.

Otros verbos con las mismas irregularidades que *conocer: conducir* (c>zc).

/ 9

5. Completa las frases con los verbos *jugar, oír* o *conocer.*

a. Elisa .... al pádel todas las semanas.

b. ¿Por favor, puede hablar más alto? Nosotros no .... nada.

c. Todavía (yo) no .... al nuevo profesor de informática.

d. ¿(Tú) .... ese ruido? ¡Es espantoso!

e. Mi amigo norteamericano .... España muy bien. Le gusta hacer turismo.

f. Estamos aburridos. ¿............................. a las cartas un ratito?

g. En mi clase de alemán (nosotros) .... las noticias un rato todas las semanas.

h. ¿Tus padres .... tu nueva casa?

i. ¡Qué bien (vosotros) .... al golf! ¿Cuánto tiempo lleváis practicando?

Eres capaz de... ▶ Decir cuándo se celebra algo

ESCRIBE 1. Los meses del año y las estaciones.

Escribe el nombre de los meses que faltan en su sitio: diciembre, febrero, agosto, mayo, octubre.

COMUNICA 2. ¿Cuándo es?

En parejas. Rellenad los huecos del calendario con cosas típicas que ocurren en determinados meses.

Ejemplo: *empiezan las clases / cambia la hora / se celebra alguna fiesta tradicional, etc.*

Ahora pregunta a tu compañero por turnos.

- *¿En qué mes empieza el invierno / la primavera / el verano / el otoño / las rebajas... / se celebra...?*
- *¿En qué mes...(las cosas que habéis apuntado)?*

INTERACTÚA 3. Tu cumpleaños.

A2 DELE

En parejas. Invita a tu compañero a tu fiesta de cumpleaños.

Di qué día es tu cumpleaños.

Busca en una agenda un día cercano en fin de semana.

Pregunta a tu compañero si puede ir.

Tu compañero te contesta.

Ejemplo:

A: *¿Quieres venir a mi fiesta de cumpleaños?*
B: *¿Cuándo es tu cumpleaños?*
A: *El 30 de marzo.*
B: *Bueno, ¿qué día es la fiesta?*
A: *Pues el 30 es miércoles... mejor lo celebramos el sábado 2 de abril. ¿Puedes venir?*
B: *Vale, muchas gracias.*

LEE **4. Días de fiesta.** Lee y contesta las preguntas.

12 de octubre
Fiesta Nacional de España y Día de la Hispanidad

En España se conmemora la llegada de las carabelas de Cristóbal Colón a América, el 12 de octubre de 1492.

En muchos países de Hispanoamérica también es un día festivo para conmemorar las raíces culturales comunes.

Este mismo día se celebra en España la fiesta religiosa de la Virgen del Pilar, que tiene una basílica en Zaragoza, patrona de la Hispanidad.

El 1 de noviembre se celebra el Día de Todos los Santos y el 2, el Día de los Difuntos tanto en España como en otros países con mayoría católica. En México se celebra de manera espectacular el día 2 de noviembre, llamado el *Día de Muertos*.

El 25 de diciembre, Navidad, el 1 de enero, Año Nuevo y el 6 de enero, Día de Reyes

Son fiestas navideñas importantes, y en España se celebran tanto las vísperas como las fiestas en sí. Así, el 24 de diciembre se llama *Nochebuena*, el 31 de diciembre, *Nochevieja*, en España se comen doce uvas, una por cada campanada de medianoche de este día, para tener suerte en el año que comienza, y el 5, la noche de Reyes.

6 de enero

Es el Día de los Reyes Magos. Este día los niños reciben regalos traídos por los Reyes Magos de Oriente. Hoy por hoy muchos celebran también Papá Noel en Navidad (25 de diciembre), pero las cabalgatas de Reyes el 5 de enero (desfiles de los Reyes Magos y sus pajes) son muy apreciadas tanto por los niños españoles como por los de otros países hispanófonos. Muchos niños escriben su carta a los Reyes Magos para pedir regalos. El 5 y 6 de enero se consumen grandes cantidades de «roscones de Reyes», un bizcocho redondo, que lleva una sorpresa dentro, generalmente una figurita.

¿Qué festividad...

a. ... gusta especialmente a los niños?
b. ... tiene que ver con los antepasados?
c. ... recuerda el pasado común de los países donde se habla español?
d. ... celebran los españoles comiendo uvas?
e. ... se celebra el 24 y el 25 de diciembre?

Escribe el nombre de cada día festivo.

Diciembre 24 ....
Diciembre 25 ....
Diciembre 31 ....
Enero 1 ....
Enero 5 ....
Enero 6 ....

INTERACTÚA **5. Fechas señaladas.**

En grupos, cada alumno pregunta al siguiente una fecha importante o señalada, por ejemplo, la fiesta nacional de su país, la fecha de nacimiento de su padre, alguna fecha histórica (llegada a la Luna por primera vez), etc. Se trata de contestar lo más rápidamente posible.

Ejemplos: – *¿Cuál es la fecha de la Revolución francesa?*
– *El catorce de julio de mil setecientos ochenta y nueve.*

PRONUNCIACIÓN Y ORTOGRAFÍA

LA ESCRITURA DEL SONIDO /k/

8

a	e	i	o	u
ca	que	qui	co	cu
ka	ke	ki		

1. El sonido /k/. ESCUCHA

Escucha y mira el cuadro y di si estas afirmaciones son verdaderas (V) o falsas (F).

	V	F
a. La letra *q* siempre va seguida de *u*.	☐	☐
b. Después de *qu* puede venir cualquier vocal.	☐	☐
c. Los grupos *ce* y *que* suenan igual.	☐	☐
d. Las letras *q* y *k* suenan igual.	☐	☐
e. No hay muchas palabras en español con la letra *k*.	☐	☐

2. La ortografía correcta.

9 **a.** Escucha estas palabras y complétalas con una de las sílabas del cuadro.

a. es........cha **b.** por........ **c.** ....zadora **d.** ....ro **e.** ....mo

10 **b.** Escucha y di qué palabras incluyen el sonido /k/. Luego escucha otra vez y escribe las letras que faltan.

a. ....bre **b.** ....pleaños **c.** di........bre **d.** pe........ña **e.** ....nar **f.** miér........les

LÉXICO ▶ Conoces... Las actividades de ocio

OBSERVA

1. La *Guía del Ocio*.

Mira las diferentes secciones de la *Guía del Ocio* de Madrid y contesta a las preguntas.

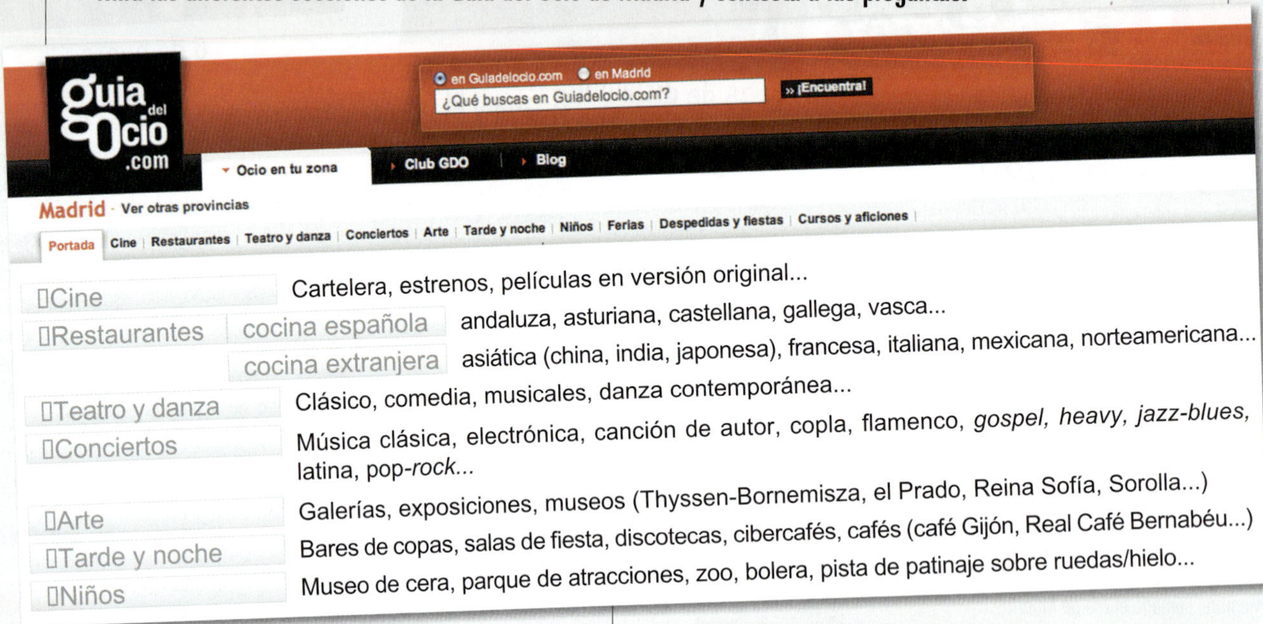

¿Dónde puedes ir si...

... te gustan los animales? Puedo ir al zoo.

- **a.** ... te gusta la pintura?
- **b.** ... te gusta probar platos diferentes?
- **c.** ... quieres navegar por Internet mientras te tomas algo?
- **d.** ... te interesa el arte?
- **e.** ... quieres escuchar música latina?
- **f.** ... quieres bailar con tus amigos?

2. ¿Salimos?

LEE

Tacha la palabra diferente.

- **a.** cine, teatro, película en v.o., sala.
- **b.** museo, sala de exposiciones, galería de arte, cartelera.
- **c.** wifi, cibercafé, Internet, discoteca.
- **d.** cocina, restaurante, exposición, gastronomía.
- **e.** pádel, baloncesto, fútbol, música.
- **f.** bolera, zoo, universidad, parque de atracciones.

COMUNICA

3. ¿Qué haces en tu tiempo libre?

Haz preguntas a tus compañeros y habla de sus gustos.

Ejemplo: A Lucía le gusta visitar museos y hacer turismo en su tiempo libre.

ENCUESTA

- ☐ **Hacer deporte: tenis, pádel, golf, baloncesto, fútbol, correr, andar, etc.**
- ☐ **Salir con los amigos a bailar, a bares de copas, etc.**
- ☐ **Visitar museos, exposiciones, etc.**
- ☐ **Ir a partidos de fútbol, baloncesto, etc.**
- ☐ **Leer libros, revistas, etc.**
- ☐ **Ver la tele, DVD.**
- ☐ **Escuchar música.**
- ☐ **Navegar por Internet (chatear con los amigos, contestar tu correo electrónico, etc.).**
- ☐ **Viajar, hacer turismo, conocer tu región, etc.**
- ☐ **Ir de compras.**
- ☐ **Salir a pasear por la ciudad, el campo, etc.**
- ☐ **Ir al cine, al teatro, etc.**
- ☐ **Comer fuera de casa, conocer restaurantes nuevos.**

Roberto y sus amigos reciben esta invitación por medio de la red social VENTE. Roberto llama a Alicia, otros amigos mandan mensajes de texto.

LEE ESCUCHA

1. Una tarde de sábado.

Lee todos los mensajes.

Amigos Aplicaciones Mensajes Inicio Buscar

Muro Información Fotos

Hola, amigos/amigas. Os mando un enlace para ver algunas cosas para hacer este fin de semana. ¿Quién se apunta? ¿Qué preferís? A mí me apetece el concierto. Si queréis, mañana mismo compro las entradas por Internet. Decidme esta tarde si queréis venir.

*plan*findesemana.es Buscar

Portada | Enviar plan | Newsletter | Login | Intercambio de idiomas | Directorio RR.PP. y eventos | Contacto

GUÍA DE ESPECTÁCULOS

Recomendamos para el fin de semana:

Teatro: *Mírate en el espejo,* de Antonio Ozores. La comedia más divertida y atrevida del año, en el Teatro Calderón, con la compañía Los Juglares, funciones todas las tardes, menos los lunes a las 20:00, sábados también función de tarde a las 17:00. Venta de entradas en taquilla y en ocioentradas.com. Entradas de 20 a 50 euros.

Cine: Blancanieves. La sensación de la temporada. Completamente distinta a todas las demás películas.

Cine Proyecciones, todos los días sesiones a las 16:00, 19:00 y 22:00 horas. Sábados y domingos y vísperas de festivos también a las 00:00 en sesión de noche. Entradas en taquilla y en ocioentradas.com Precio: 9 euros.

Música en directo: Bandada presenta su segundo disco en la Sala Vip. Tras el éxito de su primer disco, número uno de las listas de venta, Bandada vuelve al escenario.

Conciertos sábado y domingo, 21:00 horas. Entradas en taquilla y ocioentradas.com. Precio único: 70 euros. 1 consumición incluida.

Escucha la conversación de Roberto y Alicia. Después contesta las preguntas. 11

- **a.** ¿Alicia propone hacer varias cosas o una sola?
- **b.** ¿Qué día hay dos funciones de teatro?
- **c.** ¿Qué espectáculo empieza más tarde?
- **d.** ¿Cuál es el espectáculo más caro?
- **e.** ¿Cuántos amigos van al mismo espectáculo? ¿Cuál es?
- **f.** ¿Por qué no quiere ir Roberto a la obra de teatro?
- **g.** Escribe los mensajes de texto completos, y con puntuación.

interactúa Quedas este fin de semana

A2 DELE

a. En parejas, consulta una guía de espectáculos de tu ciudad y escoge dos o tres opciones para hacer algo con un grupo de amigos. A invita a B. B acepta y pregunta qué opciones prefiere A. A y B proponen ideas y expresan preferencias.

b. Escribe un correo o entrada de red social para proponer a tu grupo de amigos dos o tres opciones de actividades.

CONOCES...

Los Sanfermines

LEE **Lee el texto y contesta las preguntas.**

LAS FIESTAS DE SAN FERMÍN

Los Sanfermines se celebran cada año en Pamplona (Navarra) en honor al santo patrón de la ciudad: San Fermín. La fiesta comienza a las 12 del mediodía del 6 de julio con el lanzamiento del tradicional chupinazo (cohete) desde el balcón del ayuntamiento. Tras el chupinazo se produce una especie de ataque de locura colectiva, y toda la ciudad salta y grita de alegría. El primer encierro empieza el día 7 de julio, es una carrera en la que los mozos (jóvenes) corren delante de los toros en un trayecto de unos 800 metros. Las fiestas terminan a las 12 de la noche del 14 de julio con el *Pobre de mí*, canto que marca el final de las fiestas.

El origen de los Sanfermines se sitúa hace varios siglos. Sin embargo, su fama mundial se debe al escritor estadounidense Ernest Hemingway, un gran entusiasta de estas fiestas.

Hoy en día participa mucha gente de todo el mundo y la juerga, la diversión y la alegría son sus ingredientes más importantes.

En San Fermín se oye música a todas horas y en todas partes. Música de instrumentos de la tierra, gaiteros, la banda municipal La Pamplonesa, conciertos de grupos de música peruana, *jazz* o *rock*, improvisados en la calle. Hay mucha música en vivo: conciertos… y también música grabada: *bakalao, rock radikal basko, techno,* música electrónica, etc.

¿Pero cómo es Pamplona el resto del año? ¿Dónde está el secreto de crear las mejores fiestas del mundo?

Pamplona o Iruña (nombre en euskera) es una ciudad corriente, no muy grande (190 000 habitantes), que se encuentra a unos 50 km al sur del Pirineo. Es una ciudad agradable, con muchos espacios verdes (que en San Fermín sirven de dormitorio gratuito), las distancias son cortas (a todos los sitios se puede ir a pie) y tiene dos universidades. En fin: es un buen sitio para vivir y del 6 al 14 de julio es el mejor sitio del mundo para divertirse. Algunos dicen que la tranquilidad del resto del año permite la explosión de fiesta en San Fermín.

Adaptado de sanfermin.com

a. ¿Cuándo son las fiestas de San Fermín?
b. ¿Qué es el chupinazo? ¿Qué sucede después?
c. ¿Qué son los encierros?
d. ¿Quién le dio fama mundial a los Sanfermines?
e. ¿Qué tipo de música se oye en San Fermín?

Contesta verdadero o falso y corrige las frases que no sean correctas. **V F**

1. Iruña es el nombre de Pamplona en catalán. ☐ ☐
2. Está situada a 50 km al sur de los Pirineos. ☐ ☐
3. Es una ciudad normal como cualquier otra. ☐ ☐
4. Sus zonas verdes sirven de hotel gratuito durante los Sanfermines. ☐ ☐
5. Es un buen sitio para vivir, pero es mejor evitar las fechas del 6 al 14 de julio. ☐ ☐
6. Durante el resto del año es una ciudad tranquila, pero en las fiestas de San Fermín es una ciudad alegre y muy animada. ☐ ☐

Machu Picchu, Perú

HACER PLANES 3

Competencia pragmática

Eres capaz de...

- expresar intenciones
- hacer planes y responder a las propuestas
- hacer una llamada de teléfono

Competencia lingüística

Puedes...

- usar *ir a* + infinitivo
- expresar causa: *¿por qué?* y *porque*
- utilizar los marcadores temporales con presente y futuro
- colocar los pronombres de complemento directo y reflexivos

Competencia léxica y sociolingüística

Conoces...

- los nombres de actividades turísticas
- la belleza natural de Costa Rica

Interactúa

- eliges un viaje

¿PUEDES DECIR LO QUE ESTÁN HACIENDO?

¿CUÁLES SON TUS PLANES PARA EL PRÓXIMO FIN DE SEMANA?

- ¿Qué vas a hacer este fin de semana?
- Voy a...

SUGIERE UN PLAN A TU COMPAÑERO:

- ¿Vamos al cine mañana por la tarde? / ¿Quieres venir a mi casa el sábado?
- Bueno, vale. / No puedo.

JUAN Y SUS AMIGOS

12 ESCUCHA

1. **Escucha y completa el diálogo con los elementos del recuadro.**

voy a irme
van a hacer mañana
vas a hacer algo
voy a cenar
voy a quedarme
vas a salir
vas a hacer
voy a ir

Juan pregunta a sus amigos qué ...., sábado, por la noche. El domingo es su cumpleaños y quiere celebrarlo.

Juan: ¿Qué ...., Carmen?

Carmen: No sé, creo que .... en casa tranquilamente y voy a ver un DVD.

Juan: Uf, ¡qué aburrido! Y tú, Matías, ¿qué vas a hacer?

Matías: Voy a estudiar Matemáticas. El lunes tengo examen.

Juan: ¡Qué rollo! Lola, ¿y tú .... esta noche?

Lola: Sí, ... en casa de mi primo Alberto. Es su cumpleaños.

Juan: Vale, y tú, Isabel, ¿...................................... esta noche?

Isabel: Sí, ... a un concierto de *rock*. Tocan Los Rodríguez. Y tú, Juan, ¿qué vas a hacer?

Juan: Pues, la verdad, no lo sé. Como todos estáis ocupados, ... al cine yo solo a ver la última película de Javier Bardem.

¿QUÉ VAN A HACER MAÑANA POR LA NOCHE?

12 ESCUCHA

2. **Cierra el libro, escucha otra vez y apunta qué va a hacer cada amigo.**

a. Carmen ....

b. Matías ....

c. Lola ....

d. Isabel ....

e. Juan ....

EXPRESAR INTENCIONES O PLANES PARA EL FUTURO

Voy a estudiar Matemáticas ahora.
Y tú, ¿vas a hacer algo esta noche?

LA FIESTA SORPRESA

LEE

3. En parejas, formulad las preguntas y las respuestas con esta información.

Los amigos de Juan le van a organizar una fiesta sorpresa por su cumpleaños. Él no sabe nada. ¿Cómo van a organizar la fiesta?

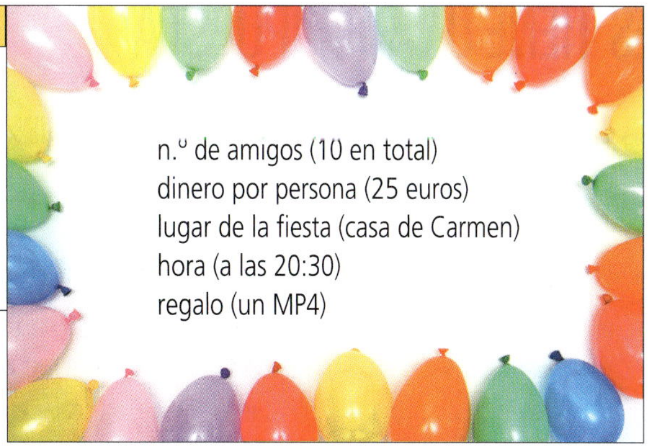

Ejemplo:

- *¿Cuántos amigos van a ir a la fiesta?*
- *Diez en total.*

REPARTIRSE LAS TAREAS

13

ESCUCHA

4. Escucha, relaciona y explica.

☐ Tarta con velas

[d] Globos para decorar

☐ Música

[d] Regalo

☐ Llamar a los amigos

☐ Comprar comida y bebida

a. Isabel — preparar la mesa, los adornos (los globos), comprarle un regalo.
b. Lola y Alberto — llamar a los demás amigos, encargarse de la música.
c. Matías — comprar comida (bocadillos, patatas fritas, aceitunas, empanada, canapés) y bebida (refrescos) y hielo.
d. Carmen — hacer la tarta de cumpleaños y comprar las velas.

Ejemplo: Carmen va a preparar la mesa, los adornos (los globos) y va a comprarle un regalo a Juan.

¿QUÉ Y CUÁNDO?

INTERACTÚA

5. En grupos. Preguntad quién va a hacer estas cosas y cuándo.

– *¿Cuándo vas a irte de vacaciones?*
– *El mes que viene.*

Hacer un viaje · Empezar a estudiar un idioma · Ponerse a dieta · Ir de compras · Ir a una fiesta · Hacer deporte · Sacarse el carné de conducir · Quedar con los amigos

INÉS TIENE UNA PROPUESTA

14 ESCUCHA

Lago de Covadonga, Asturias, España

1. a. Escucha y completa el diálogo.

Inés: Oye, ¿os gusta salir al campo?
Fran: ¿Al campo? Sí, claro.
María: A mí también.
Javier: Y a mí.
Inés: ¿.......*Vamos*........ al campo este fin de semana? ¿A una excursión?
Fran: ¡..............................! Me apetece mucho. ¿..............................?
Javier: .... ir a la sierra, a escalar algún pico.
Fran: Yo .... algo más tranquilo. Además, en la sierra hace frío ahora.
Inés: ¿.............................. nos bañamos en el lago? Podemos acampar al lado. Tengo una tienda de campaña grande, cabemos todos. ¿.............................., María? ¿Vamos a la sierra .... al lago?
María: No sé, ... Hombre, es verdad que el lago es bonito.
Fran: ¿De acuerdo, entonces?
Javier: Sí, ¡.............................., vamos al lago en mi coche! Es bastante grande.

b. Coloca cada expresión en el recuadro adecuado.

PROPONER PLANES	ACEPTAR UNA SUGERENCIA	PLANTEAR UNA ALTERNATIVA
¿Vamos...?		

EXPRESAR INDIFERENCIA	PEDIR OPINIÓN

INTERACTÚA

¿QUÉ VAMOS A HACER?

2. En grupos de dos o tres, elige una actividad de la lista y haz planes con tus compañeros. Tenéis que estar de acuerdo en todo.

- una fiesta de cumpleaños sorpresa para un amigo
- un mercadillo para recaudar fondos para una causa benéfica
- una función de teatro u otro espectáculo (los artistas sois vosotros y vuestros amigos) para tu colegio, trabajo, universidad, etc.
- un concurso artístico (fotografía, pintura, escultura, etc.) en vuestro lugar de trabajo/estudio

Explicad vuestros planes a la clase. Indica quién va a hacer cada cosa.

Ejemplo: Vamos a organizar un/-a ... Estos son nuestros planes. María se encarga de... Jorge llama a... Carlos hace los...

ALGO VA MAL

15

ESCUCHA LEE

3. a. Ya es hora de salir y Fran no aparece. María lo llama. Escucha la conversación y señala verdadero o falso.

María: ¿Fran?, hoy tenemos excursión, ¿lo recuerdas? Estamos esperándote, ¿dónde estás?

Fran: Estoy en casa, buscando mis llaves. No las encuentro. ... Ah, dice mi hermano que las tiene.

María: Si quieres, vamos a buscarte.

Fran: No, no es necesario; mi hermano va a llevarme en coche. Estamos ahí en quince minutos. ¿Lo tenéis todo preparado?

María: Sí, claro. Oye, ¿tu hermano qué hace? Pregúntale si quiere venir con nosotros.

Fran: No sé, creo que no. Voy a preguntarle.... Dice que no. Tiene que estudiar.

María: Bueno, ven pronto.

	V	F
a. Fran llega tarde.	☐	☐
b. El hermano de Fran va también a la excursión.	☐	☐
c. María se ofrece a ir a recoger a Fran.	☐	☐
d. María y los demás lo tienen todo preparado.	☐	☐
e. Fran viene con su padre.	☐	☐

b. Lee el diálogo y observa los pronombres subrayados. Di si están delante o detrás del verbo.

LOS PRONOMBRES DE COMPLEMENTO DIRECTO Y REFLEXIVOS

Se colocan delante del verbo con verbos conjugados.
¿Lo tenéis todo? No las encuentro.

Se colocan detrás del verbo con imperativo / infinitivo / gerundio.
Pregúntale. Vamos a buscarte. Estamos esperándote.

¡OJO! Cuando hay dos verbos, se puede elegir entre dos posiciones:
Te estamos esperando = Estamos esperándote

REACCIONA

COMUNICA

4. Responde a estas frases sin repetir las partes subrayadas: utiliza pronombres.

Ejemplo: - *¿Vas a invitar a tus amigos?*
- *Sí, voy a invitarlos. / No, no voy a invitarlos.*

a. ¿Estás esperando a Marta?
b. ¿Cuándo vas a traer los CD?
c. ¿Me estás mirando a mí?
d. ¿Organizas tú el viaje de fin de curso?
e. ¿Tienes las llaves?
f. ¿Vamos a visitar a los Sánchez?

DUDA, INCERTIDUMBRE, FALTA DE CERTEZA

¿Sabes si...?

+ Sí, seguro (que sí) / Claro (que sí)
Creo que sí
No sé / No tengo ni idea
Creo que no
− No, seguro que no / Claro que no

INTERACTÚA

5. PREGUNTAS «TRIVIALES»

1 Salida.
2 ¿La capital de Ecuador es Quito?
3 ¿Está México en Sudamérica?
4 Oca.
5 ¿Shakira es venezolana?
6 ¿Andalucía está en el norte de España?
7 ¿El Machu Picchu es famoso por ser el monte más alto de Perú?
8 Oca.
9 ¿La tortilla de patatas es el plato favorito de los mexicanos?
10 ¿Hay una Cartagena en España y otra en Colombia?
11 ¿Los Sanfermines son la principal fiesta de Pamplona (España)?
12 ¿El principal monumento de Segovia (España) es su catedral?
13 ¡¡¡Pregunta de tus compañeros!!! (un compañero te hace una pregunta de cultura española).
14 Llegada.

3 Puedes... ▶ Usar *ir a* + infinitivo, los marcadores temporales y colocar los pronombres

Evalúate

Total ____ / 30

IR + A + INFINITIVO			
(Yo)	*voy*	+ a + infinitivo	*Voy a trabajar en una biblioteca la semana próxima.*
(Tú)	*vas*		
(Él/ella/Ud.)	*va*		
(Nosotros/as)	*vamos*		
(Vosotros/as)	*vais*		
(Ellos/as/Uds.)	*van*		

Se utiliza para expresar intenciones, hacer planes.

Ir a + infinitivo se utiliza con los siguientes marcadores temporales:

PRESENTE	FUTURO
Ahora Esta semana Este mes	Enseguida, dentro de poco Esta tarde, esta noche, luego, mañana La semana que viene, la semana próxima, dentro de una semana El mes que viene, el mes próximo, etc.

PORQUE Y POR QUÉ

Porque se utiliza para expresar la causa.
¡Ojo! Para formular una pregunta se utiliza ***¿Por qué?***

Ejemplo: *¿Por qué estudias?*
Porque mañana tengo un examen.

1. Mira las fotos y escribe por qué lo van a hacer. Utiliza un marcador temporal.
esta tarde - esta noche - enseguida (2) - ahora (2) - ~~mañana~~

Ejemplo:
Óscar / estudiar / tener un examen
Óscar estudia porque va a tener un examen mañana.

a. Eva / montar en bici / comprar

....
....
....

b. María y Hugo / estar contentos / visitar La Habana

....
....
....

c. Ellos / bañarse / tener calor

....
....
....

d. Marcos / cocinar / invitar a unos amigos a cenar

....
....
....

e. Lucía / ir al cine / gustar las películas de Almodóvar

....
....
....

f. Mi amiga / leer el periódico / querer informarse

....
....
....

/ 12

PRONOMBRES PERSONALES		
SUJETO	COMPLEMENTO DIRECTO	REFLEXIVO
(Yo)	*me*	*me*
(Tú)	*te*	*te*
(Él/ella/Ud.)	*lo / la*	*se*
(Nosotros/as)	*nos*	*nos*
(Vosotros/as)	*os*	*os*
(Ellos/as/Uds.)	*los / las*	*se*

Los pronombres personales de complemento directo van delante del verbo conjugado.

- *¡Ya tengo un móvil nuevo!*
- *¿**Lo** tienes con Internet?*

Los pronombres personales de complemento directo van detrás del verbo en imperativo, infinitivo o gerundio.

- *Ven**te** y come el bocadillo.*
- *Sí, vale, voy a comer**lo**.*
- *¿Estás empezando el libro?*
- *No, estoy terminándo**lo**.*

¡OJO! Cuando hay dos verbos, se puede elegir entre dos posiciones: *Lo estoy terminando = Estoy terminándolo*

2. **En estos tres diálogos faltan algunos pronombres. Identifica dónde y escribe el pronombre adecuado: *me, te, lo, la, nos, os, los, las.***

a. - ¿Por qué no vais a la piscina a bañar, niñas?
- ¿Está ya la tarta, mamá? Queremos comer.
- Esperad un segundo, estoy terminando. ¡Ah!, otra cosa.
- Sí... Después de venir de la calle tenemos que lavar las manos.

b. - ¿Qué vas a hacer esta tarde?
- Nada, voy a quedar en casa. Estoy constipada.
- Si quieres, dejo un libro.
- Vale. ¿Tienes el último libro de Vargas Llosa?
- Sí, aquí tengo. ¿Quieres leer?
- Sí, gracias. Deja encima de la mesa. Voy a leer después de cenar.

c. - Tengo tres películas nuevas. ¿Quieres ver?
- No, gracias. Tengo muchos deberes y tengo que terminar esta noche.

/ 12

3. **Relaciona preguntas y respuestas, y completa las respuestas con el pronombre correcto.**

a. ¿Quién te viene a recoger?
b. ¿Nos está esperando Juan?
c. ¿Voy contigo o me quedo?
d. ¿Te quedas para cuidar al perro?
e. ¿Has llamado ya a Inés?
f. ¿Qué te pasa, estás preocupada?

1. Sí, es tarde y no vuelve Jorge. Empiezo a ....
2. Todavía no. Tengo que ....
3. Creo que Carlos ....
4. Mejor .... en casa.
5. Sí, está .... desde las cinco.
6. No puedo ...., me voy al médico ahora.

/ 6

Eres capaz de... ▶ Hacer una llamada de teléfono

OBSERVA

1. Llamar por teléfono.

Relaciona cada pregunta con la respuesta adecuada.

a. ¿De parte de quién?	**1.** Sí, ahora se pone.
b. ¿Puede ponerse Juan, por favor?	**2.** Soy Andrés.
c. ¿Cuándo volverá?	**3.** Lo siento, está ocupado ahora.
d. ¿Quién le llama?	**4.** No, gracias, llamaré más tarde.
e. ¿Está Andrés, por favor?	**5.** Después de comer, seguramente.
f. ¿Quiere dejar un mensaje?	**6.** De (parte de) María.

¡OJO!
Cuando una persona responde al teléfono:
En España dice: *Sí, ¿Diga?* o *¿Dígame?*
En México dice: *¿Bueno?*

ESCUCHA 16

A2 DELE

2. ¿Quién llama?

Escucha estas cinco conversaciones telefónicas e identifica qué ha pasado en cada una.

	Diálogos 1	2	3	4	5
a. Preguntan por una persona que no está ahora en casa.	☐	☐	☐	☐	☐
b. Preguntan por una persona que no se puede poner al teléfono.	☐	☐	☐	☐	☐
c. La persona que llama se equivoca de número de teléfono.	☐	☐	☐	☐	☐
d. La llamada es para la persona que contesta el teléfono.	☐	☐	☐	☐	☐
e. Preguntan por una persona que puede ponerse al teléfono.	☐	☐	☐	☐	☐

ESCUCHA 16

3. ¿Cómo se hace?

Escucha otra vez y apunta ejemplos para completar cada cuadro.

Escribe varias formas de...

... CONTESTAR EL TELÉFONO	... DECIR CON QUIÉN QUIERES HABLAR	... EXPLICAR QUE LA PERSONA NO ESTÁ DISPONIBLE
....	....	....
....	....	....
....	....	

Escribe una forma (o dos) de...

... PREGUNTAR QUIÉN LLAMA	... OFRECERSE A TRANSMITIR UN MENSAJE	... EXPLICAR QUE HAY UN ERROR
....	....	....
....		

Di cuál o cuáles son formales e informales.

	1	2	3	4	5
FORMAL					
INFORMAL					

INTERACTÚA

4. En la recepción.

En grupos de tres: A es recepcionista de la Academia de idiomas.

B y C llaman a la Academia preguntando por alguna persona de la lista. A da la información. B y C hablan con la persona o dejan un mensaje.

Se pasa el turno cada 3 minutos y B pasa a ser recepcionista, y después C.

ALUMNO A

id	Información
a.	Eres tú, el/la recepcionista.
b.	Está enfermo, en casa. Su tfno. es 931 345 622.
c.	Está libre ahora.
d.	Está hablando por otra línea. Puede ponerse en diez minutos.
e.	Está en clase. Acaba a las seis.
f.	No la conoces. No trabaja ni estudia aquí.

Cargar Tabla 1 | Cargar Tabla 2

ALUMNOS B y C

id	Nombres	Mensaje
1.	Sara / Javier	....
2.	Carlos	....
3.	Nuria	....
4.	Don Carlos García	....
5.	Doña Elisabetta Moratti	....
6.	Doña Elvira Morientes	....

Cargar Tabla 1 | Cargar Tabla 2

PRONUNCIACIÓN Y ORTOGRAFÍA

LA EÑE

La pronunciación de la eñe es como la de *n* seguida de *y*. Por ejemplo: *Ven ya*, pronunciado sin pausa, suena como si fuera eñe.

ESCUCHA

17 **1. La eñe siempre en medio.**

Escucha y repite.

a. baño **b.** señalar **c.** campaña **d.** español **e.** hondureña

18 **2. Distinción *ñ* - *n*.**

Escucha y señala cuál de las dos palabras oyes.

	A	B	C	D	E
1	niño	mono	sueña (tiene sueños)	ensenada (bahía)	campaña
2	Nino (nombre de chico)	moño (peinado)	suena (el teléfono)	enseñada	campana (de una iglesia)

19 **3. Reconoce la eñe.**

Escucha estas frases y escribe todas las palabras que contienen una eñe.

....

....

LÉXICO Conoces... Los nombres de actividades turísticas

OBSERVA 1. ¿Turismo activo o de sol y playa?

Relaciona las dos columnas.

a. Naturaleza	**1.** Monumentos: catedrales, iglesias, castillos, museos
b. Balneario	**2.** Jardín botánico, planetario, zoo
c. Ocio nocturno	**3.** Cocina regional, platos típicos, vinos de la zona
d. Sol y playa/Montaña	**4.** Discotecas, bares, terrazas
e. Gastronomía	**5.** El mar, la piscina, la nieve, nadar, esquiar
f. Turismo activo	**6.** Escalada, rutas a caballo/descenso de río, etc.
g. Familia	**7.** Masajes relajantes, sauna, aguas termales
h. Cultura	**8.** Excursiones por el campo/el bosque/la montaña

Catedral de Palma de Mallorca, España

El Jardín de cactus, Lanzarote, España

ESCRIBE 2. ¿Adónde van a ir?

Completa con una de las palabras del ejercicio anterior.

a. - ¿Saben tus padres ya lo que van a hacer este verano?
- Sí, van a ir a un .... a relajarse y a darse unos masajes.

b. - ¿Dónde vais a ir este puente de diciembre?
- Al Pirineo y vamos a .... Dicen que hay bastante nieve.

c. - ¿Vas a hacer algún curso de idiomas en el extranjero este año?
- No, qué va, este año vamos a visitar pueblos de Castilla y a conocer su .... Ya sabes que a mí me gusta mucho comer.

d. - ¿Este fin de semana hacéis alguna escapada?
- Pues sí, vamos a ir con los niños al .... Les encantan las estrellas.

e. - ¿Te gusta el turismo activo?
- Sí, me gusta mucho la montaña y practico la ....

f. Cuando voy de viaje por España, me gusta conocer sus .... y sobre todo sus iglesias. La Sagrada Familia de Gaudí es mi preferida.

COMUNICA 3. Tus próximas escapadas.

Elige el tipo de actividad que prefieres y explica por qué. ¿Qué tipo de persona eres: tranquila, activa, estresada, aventurera...?

Ejemplo: Yo prefiero el turismo activo. Soy un poco aventurera y me gusta la escalada.

INTERACTÚA 4. ¿Vas a la playa a menudo?

En parejas, decid con qué frecuencia vais a estos sitios.

Ejemplo: Me voy de vacaciones a la playa una vez al año, normalmente en verano.

IR A

la montaña
la playa
el campo **¡ojo!** Ir al campo

IR DE

excursión
vacaciones
viaje
puente

ESCUCHA 20

1. En la agencia de viajes.

Marta y Cristina hablan con el empleado de la agencia. Escucha y contesta las preguntas.

a. ¿A dónde quieren ir Cristina y Marta, y cuánto tiempo?
b. ¿Por qué se llama el viaje *Perú a la Carta*?
c. ¿En cuántos hoteles diferentes van a alojarse?
d. ¿Dónde van a hacer una excursión por la selva?
e. ¿Desde dónde van a hacer la excursión al lago Titicaca?
f. ¿Qué día van a ir a Nazca?

Machu Picchu, Perú

COMUNICA

2. Infórmate de las excursiones.

En parejas. A lee el folleto de la excursión a Machu Picchu y B, el de la excursión a Nazca. Luego intercambiad la información.

a. Hora de salida y duración de la excursión.
b. Tipo de transporte y destinos.
c. Qué puede verse.
d. Comida.
e. Lo más interesante (en tu opinión).

Machu Picchu

Mañana: Traslado hasta la estación de trenes de Cuzco para iniciar la excursión a Machu Picchu, la ciudad perdida de los incas. Viaje de 4 horas hasta el poblado turístico de Aguas Calientes, de ahí se toma un bus (media hora) a la ciudadela de Machu Picchu. La visita a la ciudad inca dura entre 2 y 3 horas. Luego, en Aguas Calientes, almuerzo, visita y baño en las aguas termales medicinales. Al día siguiente, a las 5 de la mañana, subida a Machu Picchu para apreciar el espectacular amanecer. Luego *trekking* hasta la cumbre del monte Huaynapicchu (2 horas ida y vuelta). Toda la mañana en Machu Picchu para sacar fotos y disfrutar de este místico lugar. 14:00: Traslado en bus a Cuzco y comida en el restaurante Incanto, donde va a degustar tres platos representativos de la cocina peruana: causa rellena de pollo, cebiche de pescado y lomo salteado.

Cebiche, plato típico de Perú

Líneas de Nazca

Por la mañana traslado al aeropuerto de Nazca, para un vuelo de 45 minutos sobre las pampas de Nazca, para ver las gigantescas figuras de animales y plantas (el mono, la araña, el colibrí, etc.) dibujadas por los preincas. Todavía no se sabe el motivo de estos dibujos. Muchos creen que estas figuras fueron hechas por extraterrestres. Después visita al «Cementerio de Chauchillas» y la ciudad de Nazca, donde tenemos incluido un almuerzo bufé. Luego a las 14:30 traslado a la terminal de autobuses de Nazca para retornar a la ciudad de Lima.

Líneas de Nazca, Perú

interactúa — Eliges un viaje

A2 DELE

a. En grupos preparad un breve folleto turístico de un lugar de cualquier país.
En el folleto se incluye la información siguiente:

- Qué lugar es y dónde está (país, región, etc.)
- Cómo llegar (medios de transporte)
- *Dónde dormir (tipo de alojamiento)*
- *Por qué ir (atracciones turísticas)*

b. Ahora se forman parejas con alumnos de grupos diferentes. A es el empleado de la agencia y B es el cliente. A explica el contenido del folleto, B hace preguntas para decidir si está interesado.
Cuando se termina la conversación y B decide si quiere hacer el viaje propuesto o no, A y B cambian de papel, y ahora B es el empleado de la agencia y A, el cliente. Ahora B tiene que vender el viaje a A, quien también decide si acepta o no.

CONOCES...

La belleza natural de Costa Rica

LEE **Lee el texto y contesta las preguntas.**

LA MAGIA DE LA NATURALEZA

Costa Rica es el destino ideal para los amantes de la naturaleza y del descanso que no deseen aburrirse en sus días de vacaciones.

Este pequeño país centroamericano es el único país en el mundo con una riqueza biológica tan variada. Es un refugio extraordinario de vida: con un territorio de apenas 51 000 kilómetros cuadrados, aquí se encuentra aproximadamente el 5% de la biodiversidad mundial.

En este maravilloso país se puede disfrutar de la naturaleza, bajar al cráter de un volcán, ver todo tipo de animales: quetzales, tucanes, osos, monos y hasta jaguares y pumas. A la vez, nos encontramos con una gran variedad de flores tropicales.

Costa Rica es uno de los seis lugares del mundo donde se puede observar la arribada de tortugas, es decir, la puesta de huevos de tortugas en la playa, llamado *desove*.

Para preservar la conservación de sus zonas naturales, Costa Rica cuenta con muchos parques naturales, reservas biológicas y reservas forestales. El simple hecho de caminar por la selva escuchando los sonidos de los animales y de la lluvia chocando contra las plantas y flores tropicales es una experiencia inolvidable.

Como podemos apreciar, Costa Rica no es solo un país de turismo de sol y playa, sino que ofrece muchas posibilidades al turista. Desde practicar deportes acuáticos como el *windsurf*, el buceo, la pesca, la navegación hasta bajar en kayak por los rápidos. Si alguien no es tan atrevido, también se puede dar una vuelta a caballo o montar en bicicleta por los senderos del bosque.

En cuanto a su gastronomía, los *ticos* (se llama así a los costarricenses por su tendencia a usar diminutivos) sorprenden al visitante con platillos autóctonos elaborados a base de arroz y frijoles, que combinados a la costarricense constituyen el plato típico nacional llamado *gallo pinto*. Además, se pueden degustar más de 150 variedades de frutas entre las que destacan la mora, los mamones, el banano, el mango, la guayaba.

Adaptado de www.guiascostarica.com

a. ¿Por qué es conocida Costa Rica?

b. ¿Qué extensión tiene?

c. Menciona alguno de los animales que se pueden ver en Costa Rica.

d. ¿Qué deportes acuáticos se pueden practicar?

e. ¿Quiénes son los *ticos*? ¿Y por qué se llaman así?

f. ¿Cuál es el plato típico nacional? ¿En qué consiste?

g. Menciona alguna de las frutas que se pueden comer en Costa Rica. ¿Son las mismas que en tu país?

Basílica de Copacabana, Bolivia

PROBLEMAS DE SALUD

4

Competencia pragmática

Eres capaz de...
- hablar de la salud
- expresar posibilidad, permiso y obligación
- hablar del cuerpo humano

Competencia lingüística

Puedes...
- utilizar los marcadores de frecuencia
- conjugar el verbo *doler*
- usar *tener que*, *hay que*, *deber* y *poder*

Competencia léxica y sociolingüística

Conoces...
- las partes del cuerpo humano
- los nombres relacionados con la sanidad
- unos datos sobre la salud en España

Interactúa
- respondes a consultas *on-line*

¿QUÉ TE PASA?

RELACIONA.

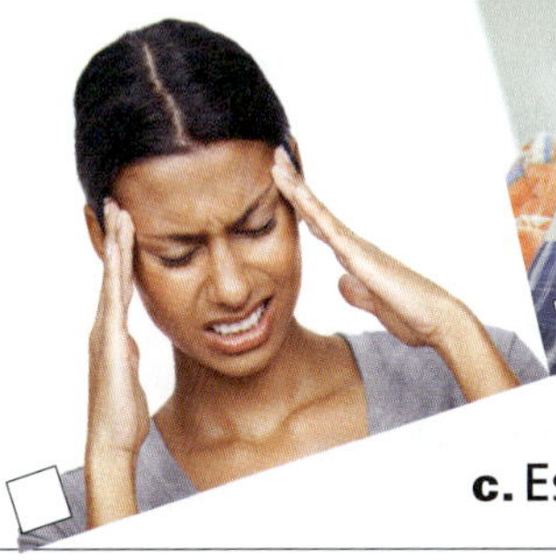

a. Me duele la cabeza
b. Tengo fiebre
c. Estoy nervioso/a
d. Me siento mareado/a

¿QUÉ ME RECOMIENDAS?

SEÑALA CON QUÉ FRECUENCIA DEBEN HACERSE TODAS ESTAS COSAS PARA LLEVAR UNA VIDA SANA.

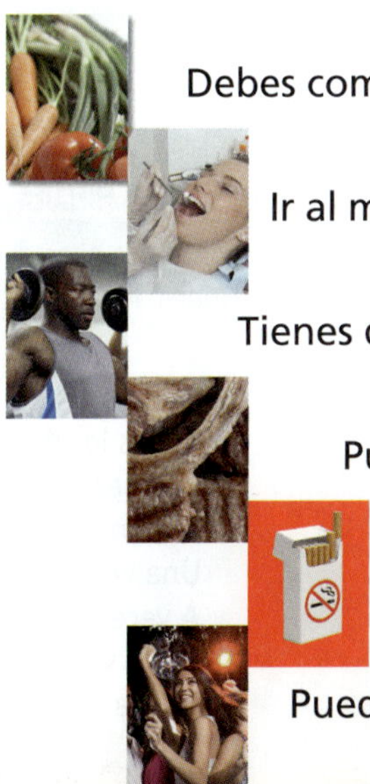

	+ / –	
Debes comer fruta y verdura…	+	… todos los días.
Ir al médico y al dentista…		… a menudo.
Tienes que hacer ejercicio…		… una vez al año.
Puedes comer carne…		… dos veces a la semana.
No debes fumar…		… a veces.
Puedes acostarte tarde…	–	… nunca.

ESCUCHA 21

¿QUÉ ME PASA, DOCTORA?

1.a. Escucha el diálogo, contesta verdadero o falso y corrige la infomación.

Camila: Hola, buenos días, doctora.

Doctora: Buenos días, dígame. ¿Qué le pasa?

Camila: Pues es que no sé lo que me pasa, estoy muy nerviosa. Me duele la cabeza todos los días y a veces me duelen los ojos también.

Doctora: ¿Duerme bien?

Camila: ¡Qué va! Duermo unas cinco o seis horas y mal.

Doctora: ¿Hace algún tipo de ejercicio físico?, ¿practica algún deporte?

Camila: No, la verdad es que no. No tengo tiempo, tengo mucho trabajo en mi oficina. Bueno, a veces doy paseos por la playa con mi perro.

Doctora: Eso no es suficiente. Hay que hacer ejercicio todos los días o por lo menos dos veces a la semana. Y la alimentación, ¿qué tal? ¿Sigue una dieta sana? ¿Come fruta y verduras todos los días?

Camila: Bueno, lo intento, pero no siempre lo consigo. Cuando estoy trabajando, solo como un bocadillo y tomo un café. Tengo reuniones de trabajo a menudo y no tengo tiempo para comer.

Doctora: Bueno, pues creo que lo que usted tiene es estrés. Tiene que cambiar su estilo de vida: hacer ejercicio con regularidad, llevar una dieta sana, dormir más horas, tomar menos café y...

	V	F
a. Camila está muy nerviosa.	☐	☐
b. A Camila le duele la cabeza a menudo.	☐	☐
c. A Camila a veces le duelen los ojos.	☐	☐
d. Camila duerme unas seis o siete horas.	☐	☐
e. Camila hace deporte una vez a la semana.	☐	☐
f. Todos los días da un paseo por la playa.	☐	☐
g. La doctora le recomienda hacer ejercicio dos veces a la semana.	☐	☐
h. Camila siempre sigue una dieta sana.	☐	☐
i. A menudo come en restaurantes.	☐	☐
j. La doctora piensa que Camila tiene estrés.	☐	☐

EXPRESAR SÍNTOMAS

Dolor:
Cuando trabajo con el ordenador, **me duele la cabeza**.
Si camino mucho, **me duelen los pies**.

Tengo fiebre

Me siento / **Estoy** cansado / mareado / estresado, etc.

COMUNICA **b. ¿Qué recomendaciones le da la doctora a Camila?**

EXPRESAR LA FRECUENCIA CON QUE SE HACEN LAS COSAS

A: ¿Cuántas veces hace deporte o ejercicio físico a la semana?
B: ¿Yo? Nunca. No tengo tiempo.

\+
Siempre
Todos los días
Muchas veces
A menudo
Una vez a la semana / al día
A veces
Pocas veces
Nunca
–

¿CON QUÉ FRECUENCIA...?

COMUNICA

2. **Rellena el cuestionario y pregunta a tu compañero. Añade alguna pregunta más.**

	TODOS LOS DÍAS	A MENUDO	UNA VEZ A LA SEMANA/MES		NUNCA
a. ¿Haces deporte? ¿Cuál?					
b. ¿Comes comida rápida? ¿Qué?					
c. ¿Tomas frutas y verduras?					
d. ¿Tomas té o café?					
e. ¿Comes dulces, pasteles, tartas?					
f. ¿Comes carne o pescado?					
g. ¿Vas al trabajo/a la universidad a pie?					
h. ¿Sales con tus amigos?					
i. ¿Comes comida casera?					
j.					

ESCRIBE

¿QUÉ HACE TU COMPAÑERO?

3. **Escribe frases.**
Ejemplo: Sophie juega al golf una vez a la semana.

EN LA CONSULTA

LEE

4. **Ordena el diálogo entre la doctora y Alejandro.**

- ☐ **Doctora:** ¿Por qué todos los fines de semana?
- ☐ **Alejandro:** No, ¡qué va! La fruta hay que pelarla y es un rollo. Me tomo un helado o un trozo de tarta.
- ☐ **Doctora:** ¿Y para cenar los fines de semana qué tomas?
- ☐ **Alejandro:** No, no muy bien. Estoy más gordo y me encuentro bastante pesado.
- ☐ **Doctora:** Bueno, pues mira, para adelgazar y encontrarte más ligero hay que cambiar tus hábitos. Para empezar...
- ☐ **Alejandro:** Bueno, sí, comida rápida todos los fines de semana.
- ☐ **Doctora:** ¿Pero de postre tomas fruta o yogur?
- ☐ **Alejandro:** Pues por la noche me como un bocadillo.
- ☐ **Doctora:** Buenas tardes, dime, Alejandro, ¿qué te pasa? ¿No te encuentras bien?
- ☐ **Alejandro:** Es que me gusta salir con mis amigos por ahí y la comida rápida está buena y es barata.
- ☐ **Doctora:** ¿Tomas mucha comida rápida? Ya sabes, hamburguesas, *pizzas*, perritos calientes...

HÁBITOS SALUDABLES

22

ESCUCHA

5. **Escucha a estas personas y relaciona sus nombres con sus hábitos y la frecuencia con la que hacen esas cosas.**

QUIÉN	QUÉ HACE	CON QUÉ FRECUENCIA
Virginia	come un sándwich vegetal y una fruta	**dos veces a la semana.**
Joaquín	hace deporte	**a menudo.**
Antonia	no come carne	**todos los días.**
Álvaro	no duerme la siesta	**casi nunca.**
Paco	va a pie al trabajo	**nunca.**

EN LA RECEPCIÓN DEL HOSPITAL

23 ESCUCHA

1.a. Escucha las conversaciones y relaciónalas con las escenas numeradas.

- ☐ **a.** Médico a celador: Hay que llevar a esta paciente a la planta 1. Hay que hacerle una radiografía.
- ☐ **b.** Paciente: ¿Qué tengo que hacer para pedir una cita con el médico?
  Recepcionista: Es sencillo, tiene que darme sus datos y su número de tarjeta sanitaria.
- ☐ **c.** Paciente: ¿Puede darme esta medicina, por favor?
  Enfermera en farmacia: Tiene que traer la receta del médico.
- ☐ **d.** Recepcionista: Para ingresar en el hospital hay que rellenar este impreso. Pero no tiene que rellenarlo usted. Un familiar o amigo puede hacerlo.
- ☐ **e.** Enfermera: En el hospital no se puede fumar.
- ☐ **f.** Paciente: ¿Se puede traer comida o bebidas al hospital?
  Enfermera: Si el paciente no tiene una dieta especial, sí se puede.

b. Escucha otra vez y anota un ejemplo de...

algo que es necesario / obligatorio	algo que no es necesario	algo que se puede hacer
....	....	....

algo que está prohibido
....

PARA AYUDARTE

Cuando una acción...	
... es obligatoria/necesaria	*tener que/hay que* + infinitivo *Tiene usted que pagar una multa.* *Hay que conducir por la derecha.*
... es conveniente, aconsejable	*deber* + infinitivo *Debes conducir con cuidado.*
... no es obligatoria	*no tener que/no hay que...* *No tienes que.../no hay que pagar: es gratis.*
... está permitida	*poder...* *Pueden ustedes esperar aquí si quieren.*
... no es conveniente/aconsejable	*no deber* + infinitivo *No debes hablar mientras conduces.*
... está prohibida	*no poder* + infinitivo *Aquí no se puede aparcar el coche.*

EXPRESAR LA OBLIGACIÓN

Hay que es impersonal, se refiere a todos en general.
Hay que trabajar para ganar dinero.

Tener que es personal, se refiere a una persona concreta.
El jefe dice que tienes que acabar este trabajo hoy.

¿QUÉ HAY QUE HACER?

ESCRIBE

2. Relaciona las dos columnas para formar frases con sentido.

a. Para tener carné de conducir…	**1.** hay que apretar este botón.
b. Para viajar a muchos países…	**2.** hay que estudiar mucho.
c. Para votar en las elecciones…	**3.** hay que ser mayor de edad.
d. Para encender esta máquina…	**4.** hay que aprobar un examen.
e. Para tocar el piano bien…	**5.** hay que tener un pasaporte.

OBSERVA

¿QUÉ SIGNIFICAN LAS SEÑALES?

3. Observa estas señales. Después, elige la instrucción adecuada para cada señal.

a. No se puede ir a más de 100 por hora.
b. Hay que seguir recto.
c. Se debe ceder el paso.
d. Se puede pasear el perro.
e. Debe lavarse a máquina.
f. Aquí se puede acampar.
g. Hay que tirar los papeles a la papelera.

1. No se puede / Se puede girar a la derecha.
2. Hay que / No hay que girar a la derecha.
3. Se puede / Se debe apagar el móvil.
4. No se puede / Se puede planchar.
5. Debe lavarse / No tiene que lavarse a mano.
6. Aquí se puede / Aquí se debe cambiar dólares por euros.

PARA AYUDARTE

EXPRESAR UNA CONDICIÓN CON *SI*

Si + presente + presente / imperativo
Si tú quieres, te ayudo.
Si eres menor de edad, tus padres tienen que dar su autorización.
Si quieres, ven con nosotros al museo.

¡TRATO HECHO!

COMUNICA

4. En parejas. Tú quieres pedirle cosas a tu compañero y él a ti. Primero, prepara tu lista de peticiones, 4 o 5.
Después, ¡a negociar! Escucha las peticiones de tu compañero y di que sí, pero solo si tu compañero acepta alguna de tus peticiones.

Ejemplo: ***A:*** *¿Me ayudas a hacer este ejercicio?*
B: *Te ayudo a hacer el ejercicio si me prestas tu bolígrafo, ¿vale?*
A: *¡Vale! ¡Trato hecho!*

Puedes usar estas ideas para tu lista de peticiones:
¿Puedes ayudarme a…? (limpiar mi casa, lavar el coche, etc.)
¿Me prestas tu…? (lápiz, ordenador, (teléfono) móvil, bici, moto, etc.)
¿Puedes acompañarme a…? (el médico, ir de compras, etc.)
¿Me dejas…? (conducir tu coche, elegir la música, usar el mando a distancia de la tele, etc.)

4 Puedes... Utilizar los marcadores de frecuencia, conjugar el verbo *doler* y usar *tener que*,

Evalúate

Total ____ / 35

MARCADORES DE FRECUENCIA	
ACCIÓN MUY FRECUENTE	Siempre / Todos los días / Muchas veces / A menudo / Una vez al día *Todos los días toma café por la mañana.*
ACCIÓN QUE SE REALIZA CON FRECUENCIA	Una vez a la semana / Dos veces por semana *Juega al tenis una vez a la semana.*
ACCIÓN POCO O NADA FRECUENTE	A veces / Pocas veces / (Casi) Nunca *Nunca llega tarde a la oficina.*

1. Añade una de estas expresiones de tiempo en cada frase en el lugar adecuado:
nunca, a veces, siempre* (2), *a menudo* (2), *todos los días* (2), *una vez al día, pocas veces.

a. Mi familia va a esquiar en Navidad. Nos gusta mucho y no queremos cambiar.
b. Yo no veo telenovelas. Me parecen aburridas.
c. Juan sale a pasear con su perro. Se pone triste si no lo saca al menos.
d. Marta y yo salimos juntas, pero salgo con otros amigos.
e. Nos gusta ir al trabajo a pie, pero como llueve, vamos en coche.
f. Me acuerdo de mi abuelo cuando voy a Bilbao.
g. El deporte me encanta. Voy al gimnasio.
h. Tomo comida rápida. No me gusta mucho.

/ 9

VERBO *DOLER*		
(A mí)	*me*	
(A ti)	*te*	
(A él/ella/Ud.)	*le*	*duel**e** la garganta*
(A nosotros/as)	*nos*	*duel**en** los oídos*
(A vosotros/as)	*os*	
(A ellos/as/Uds.)	*les*	

El verbo *doler* se conjuga como el verbo *gustar*.

2. Mira el cuadro y escribe lo que le duele a cada uno.

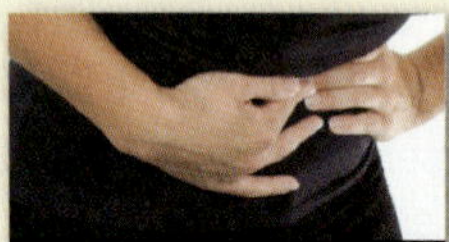
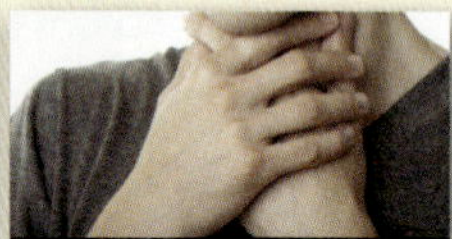

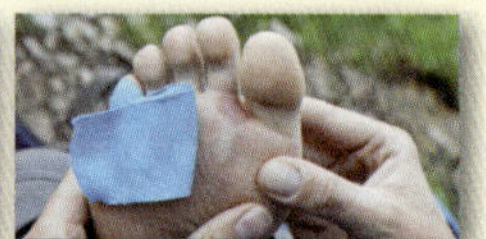

A...	... el estómago	... la garganta	... las muelas	... los pies
Fernando	✓		✓	
Isabel		✓		✓
Marta y Juan	✓		✓	
Sofía y Miguel		✓		✓

a. A Fernando le duele ....
b. A Fernando ....
c. A Isabel ....
d. A Isabel ....
e. A Marta y Juan ....
f. A Marta y Juan ....
g. A Sofía y Miguel ....
h. A Sofía y Miguel ....

/ 8

FRASES CONDICIONALES

Si + presente de indicativo + presente de indicativo.
Si no duermo bien, me duele la cabeza.

Si + presente de indicativo + imperativo.
Si tienes tiempo, ven a mi casa.

Sirven para expresar condiciones reales. Con el imperativo, los pronombres se ponen detrás.
Si te duele la cabeza, tómate un calmante.

3. Relaciona las dos columnas.

a. Si llegamos tarde,	1. tiene que tener cuidado.
b. Si comes demasiado,	2. tomamos un taxi.
c. Si fumas mucho,	3. descansa un rato.
d. Si quieres,	4. te duele el estómago.
e. Si estás cansada,	5. déjalo poco a poco.
f. Si conduce de noche,	6. podemos ir al cine.

/6

HAY QUE Y TENER QUE + INFINITIVO

EXPRESAR LA OBLIGACIÓN	
De forma impersonal	*Hay* + *que* + infinitivo *Para estar en forma, hay que hacer ejercicio.*
De forma personal	*Tener* + *que* + infinitivo *Si quieres estar en forma, tienes que hacer ejercicio.*

PEDIR Y DAR PERMISO O PROHIBIR

Se puede + infinitivo
– ¿Se puede pasar?
– Sí, claro (que se puede).
No se puede + infinitivo
No se puede pasar.

DAR UN CONSEJO

Deber + infinitivo
Debes dormir más, seis horas es poco.

4. En parejas. A formula la pregunta adecuada para cada respuesta.

Ejemplo:

¿Qué tengo que hacer para vacunar a mi perro?
Si quieres vacunar a tu perro, tienes que ir a un veterinario.

Si quieres entrar en el equipo de baloncesto, tienes que entrenar mucho.
Si quieres participar en el torneo, tienes que inscribirte en la oficina.

Después B piensa en otras 3 preguntas parecidas. A tiene que pensar en una respuesta adecuada. Al terminar A y B se cambian.

5. Completa las frases con *tener, poder,* o *hay* en la forma correcta.

a. Para encender el motor, ... que meter la llave en el contacto.
b. No .... conducir después de beber alcohol. Es ilegal.
c. No .... tomar medicamentos sin consultar con el médico.
d. No hay mucho tiempo. .... que correr.
e. ¿.............................. (tú) ayudarme, por favor?
f. Yo voy a la reunión, pero tú no .... que ir si no quieres.

/6

6. Completa las frases con los verbos *mandar, fumar, pasar, comer, aprobar, entrar.*

a. - ¿Se puede .... en tu oficina?
- No, no está permitido, es un espacio libre de humo.

b. - ¿Se puede .... a esa discoteca con zapatillas de deporte?
- No, tienes que llevar zapatos.

c. Se puede .... un poco de pan con esa dieta.

d. No se puede .... el curso sin hacer el examen final.

e. - ¿Se puede ....?
- Sí, cómo no, adelante.

f. - ¿Se puede .... la traducción al profesor por correo electrónico?
- Creo que sí, tenemos su dirección.

/6

RECURSOS ▶ Eres capaz de... Hablar del cuerpo humano

LEE

1. El cuerpo humano.

Lee las frases y localiza las partes del cuerpo.

- ◯ Los zapatos son para los **pies**.
- ◯ El **pelo** crece mucho y hay que cortarlo de vez en cuando.
- ◯ Las gafas son para los **ojos**.
- ◯ La **nariz** sirve para oler y para respirar.
- ◯ Se anda con las **piernas**.
- ◯ Para nadar se usan los **brazos**.
- ◯ Al final de los brazos están las **manos**.
- ◯ En cada mano tenemos cinco **dedos**.
- ◯ Detrás tenemos la **espalda**.
- ◯ Dentro de la **boca** tenemos muelas. Las usamos para masticar la comida.
- ◯ El **cuello** une la cabeza con el cuerpo.
- ◯ Las **orejas** sirven para oír y escuchar.

PRONUNCIACIÓN Y ORTOGRAFÍA

SUENAN IGUAL, SE ESCRIBEN DISTINTO

Por este motivo, es difícil saber cómo se escribe una palabra y la única manera es aprender de memoria su ortografía.

En español se pronuncian igual:

- **b** y **v**: siempre /b/.

Por ejemplo: *bota* (para los pies) y *vota* (del verbo *votar*).

- **g** y **j** cuando van seguidas de *e* o *i*.

Por ejemplo: *garaje, jirafa*.

- **ll** (doble l) e **y** (ye).

La mayoría de los hablantes de español pronuncian la doble l igual que la ye. Por ejemplo: *valla* y *vaya* (del verbo *ir*).

- Además, la hache ***h*** es muda, así que, por ejemplo, *hola* (el saludo) suena igual que *ola* (onda en el mar).

ESCUCHA 24

1. Ortografía.

Escucha y escribe cada palabra en la columna de la izquierda. Después marca las letras que contiene, como en el ejemplo.

	b	v	g	j	ll	y	h
a. hablar	x						x
b.							
c.							
d.							
e.							
f.							
g.							
h.							

OBSERVA 1. En el hospital.

Escribe las palabras debajo de las fotos.

la consulta | las urgencias | el médico (especialista) | la enfermera | la sala de espera | la ambulancia | la paciente | el hospital

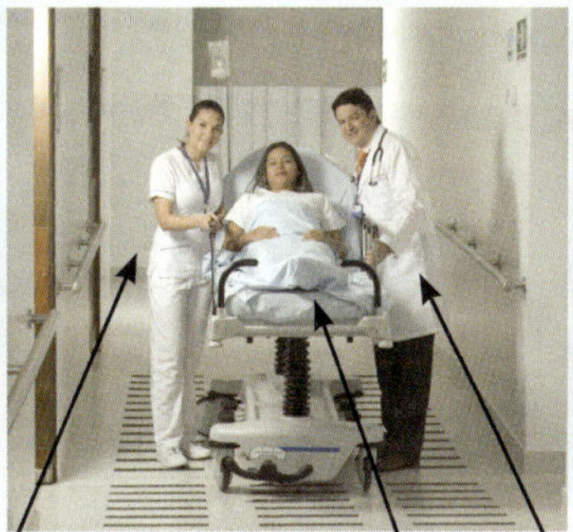

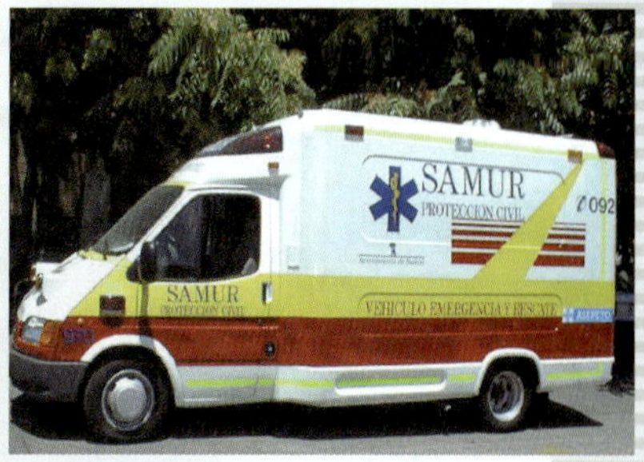

ESCRIBE 2. ¿*Tener* o *estar*? Elige el verbo correcto.

mareado | fiebre | un constipado | alergia | gripe | enfermo/malo | estresado | tos

Tener

Estar

OBSERVA 3. Medicina y tratamiento.

Relaciona cada consejo con su foto.

a. tomar una infusión b. descansar en la cama c. hacer yoga d. tomar un calmante e. no comer f. tomar un jarabe g. tomar gotas

COMUNICA 4. ¿Qué recomiendas? Relaciona el malestar con su posible remedio.

a. Me duele mucho el estómago.
b. Tengo la garganta irritada y toso.
c. Tengo fiebre y estoy constipado.
d. Estoy muy estresado.
e. Tengo los ojos muy rojos.

1. Tómate un calmante.
2. ¿Por qué no te tomas una infusión?
3. Ponte estas gotas.
4. Toma este jarabe.
5. ¿Por qué no haces yoga?

INTERACTÚA 5. ¿Estás bien? En parejas, A tiene una enfermedad o malestar y B le recomienda algo.

Ejemplo: ***A:*** *Estoy mareada y me duele mucho el estómago.*
B: *Pues descansa en la cama y tómate una infusión.*

LEE

1. ¿Cuál es el tratamiento?

Lee los consejos de este consultorio médico en la web, y contesta las preguntas.

COMBATE EL INSOMNIO

Hay que corregir la causa. Si la causa es el estrés emocional, será más útil ir al médico para un tratamiento contra el estrés que tomar medicamentos para dormir.

Los cambios de conducta son mucho más eficaces que las pastillas para el insomnio.

Algunos consejos que pueden resultar útiles:

- Debes tener horarios regulares de sueño. Una hora para dormir y una hora para levantarse ayudan al cuerpo a programarse y esto facilita el sueño.
- No debes tomar bebidas con cafeína después de la media tarde.
- Tienes que hacer ejercicio todos los días y no dormir durante el día. Estas dos medidas te pueden ayudar a sentirte cansado por las noches.
- Puedes elegir un ritual antes de dormir. Leer en la cama, oír música o alguna actividad para relajarse.
- Si no tienes sueño, es mejor salir de la cama; angustiarse solo empeora el problema del insomnio.
- No puedes comer mucho antes de acostarte. Si puedes, toma alimentos como la leche, la carne y la lechuga que contienen un aminoácido que ayuda a dormir.

Ten cuidado con los medicamentos.

Los tranquilizantes suaves pierden su eficacia cuando la persona se acostumbra a ellos. Algunos pueden producir síntomas de abstinencia cuando se acaba el tratamiento y hay que dejarlos poco a poco.

Para comprar tranquilizantes hay que presentar receta médica, porque pueden producir hábito, adicción, o sobredosis. Son muy peligrosos cuando se combinan con alcohol u otros medicamentos.

Adaptado de www.consultoriomedicodigital.com

a. ¿Qué es mejor que las pastillas para combatir el insomnio?
b. ¿Qué se debe hacer cuando se sufre estrés?
c. ¿Cómo se puede ayudar al cuerpo a programarse?
d. ¿Qué cosa no debes hacer durante el día?
e. ¿Qué debes hacer si estás en la cama y no puedes dormir?
f. ¿Por qué debes tomar leche, carne o lechuga por la noche?
g. Escribe tres palabras que resumen los peligros de los tranquilizantes:
.............................., ... y ....

ESCUCHA 25

2. Carlos va al médico.

a. Escucha la conversación atentamente dos veces y anota las causas del problema de Carlos.

....

b. Después, compara tus notas con las de tu compañero. Discute qué debe o no debe hacer Carlos.

c. Finalmente, en parejas, escribe los consejos que el doctor da a Carlos para solucionar su problema.

INTERACTÚA

3. El juego de los problemas.

Primero, en parejas: preparamos dos trozos de papel pequeños, uno con un problema (de salud o de otra cosa), otro con el consejo o solución apropiados.

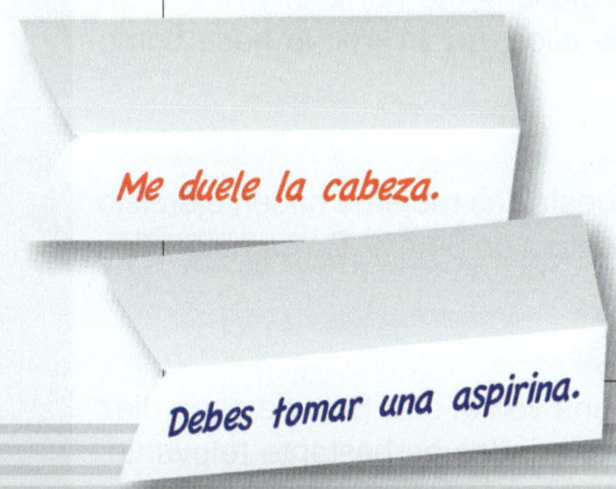

En grupos grandes (de 4 a 6 alumnos), ponemos los papeles en dos montones: el de los problemas y el de las soluciones. Un jugador toma un papel de problema y otro, un papel de solución. Los leen en voz alta y el grupo decide si la solución es apropiada. Si lo es, los jugadores tiran los papeles y pasa el turno a la siguiente pareja. Si no lo es, guardan la solución e intentan utilizarla para otros problemas.

El objetivo del juego es no tener ningún papel. Pierden los últimos en tenerlos.

interactúa — Respondes a consultas *on-line*

Responde las consultas como en el modelo. Indica algo que (no) tienen que hacer, o (no) pueden hacer, o (no) deben hacer.

A2 DELE

Miguel Jueves, 03 de marzo 20:15

... No puedo dormir. No hago ejercicio. Me siento nervioso. Ceno muy tarde.

Clínica Viernes, 04 de marzo 09:05

Querido Miguel:
Si no puedes dormir, debes relajarte. No hay que cenar tarde, hay que cenar temprano. Si te sientes nervioso, debes darte un baño de agua caliente por la noche antes de acostarte.

a. ... A menudo me duele la tripa. Como muchos dulces y chocolate.

b. ... Nunca hago ejercicio. Siempre estoy sentado. Me duele la cabeza a veces.

c. ... Me acuesto muy tarde todos los días. Solo duermo cinco horas. Me duelen los ojos, y me siento cansada.

CONOCES...

Datos sobre la salud en España

LEE **Lee el texto y contesta las preguntas.**

Estos son los resultados del estudio llamado *Encuesta Europea de Salud* en España realizado por el Instituto Nacional de Estadística, en colaboración con el Ministerio de Sanidad, Política Social e Igualdad. El estudio recoge los datos de 22 188 entrevistas a personas de más de 16 años durante doce meses entre 2009 y 2010.

BUENA SALUD

El 70,9% de los españoles mayores de 16 años considera que su salud es buena o muy buena. En concreto lo hacen un 75,8% de los hombres y el 66,1% de las mujeres.

Pero el peso... Por el contrario, más de la mitad de los encuestados mayores de edad está por encima del peso considerado como normal.

LA OBESIDAD

El porcentaje de personas con obesidad llega hasta el 16%, y el de sobrepeso, al 37,7%. La obesidad afecta al 22,7% de hombres y al 23,7% de las mujeres mayores de 54 años.

LOS JÓVENES FUMAN Y BEBEN

Los jóvenes en esta franja de edad (entre 18 y 24 años) fuman diariamente (26,2%) y beben de manera intensiva por lo menos cada mes (20,6%). La mitad de ellos, un 11,4%, lo hace como mínimo una vez a la semana.

EJERCICIO

¿Y qué pasa con el ejercicio que realizamos? Pues según la encuesta, las mujeres hacen ejercicio físico intenso con menor frecuencia que los hombres: el 15,7% frente a un 34,4%. En cambio, ellas practican más el ejercicio moderado: 42,7% frente a 26,0%.

¡TOMA MUCHA FRUTA!

Siete de cada diez personas, afirman comer fruta por lo menos una vez al día. Seis de cada diez aseguran hacer lo mismo con las verduras. Pero la diferencia por edades es bastante relevante: solo cinco de cada diez jóvenes de 16 a 24 años consumen fruta diariamente, frente a nueve de cada diez mayores de 64 años.

TRASTORNOS MÁS FRECUENTES

¡Y mucha atención! Los trastornos más frecuentes padecidos por los españoles mayores de 16 años diagnosticados por un médico son: la hipertensión arterial (el 17,2%), los dolores lumbares (el 16,3%) y cervicales (el 14,2%), la alergia crónica (el 12%) y los dolores de cabeza (el 8,6%).

Adaptado de www.ine.es

		V	F
a. Siete de cada diez españoles...	**1.** tienen buena salud	☐	☐
	2. creen que su salud es buena	☐	☐
b. En España hay...	**1.** más personas que padecen obesidad	☐	☐
	2. más personas que tienen sobrepeso	☐	☐
c. Un 26,2% de jóvenes de entre 18 a 24 años...	**1.** no fuman casi nunca	☐	☐
	2. fuman diariamente	☐	☐
d. Las mujeres hacen ejercicio físico...	**1.** con más frecuencia que los hombres	☐	☐
	2. con menos frecuencia que los hombres	☐	☐
e. Los jóvenes comen...	**1.** más frutas y verduras que los mayores	☐	☐
	2. menos frutas y verduras que los mayores	☐	☐
f. El trastorno más frecuentes padecido por los españoles es...	**1.** los dolores de cabeza	☐	☐
	2. la hipertensión arterial	☐	☐

Calle de Andalucía, España

ÚLTIMAS NOTICIAS

5

Competencia pragmática

Eres capaz de...

- dar noticias y hablar de hechos recientes
- hablar de lo que ya se ha hecho y de lo que no se ha hecho todavía
- expresar estados de ánimo y reaccionar ante las noticias

Competencia lingüística

Puedes...

- conjugar verbos en pretérito perfecto compuesto
- usar los marcadores temporales con el pretérito perfecto compuesto
- utilizar los pronombres y adjetivos indefinidos

Competencia léxica y sociolingüística

Conoces...

- el nombre de los estados de ánimo
- los medios de comunicación
- la prensa en español

Interactúa

- cuentas experiencias recientes

¿QUÉ NOTICIA RECIENTE TE HA PARECIDO MÁS IMPORTANTE? ¿CÓMO TE HAS ENTERADO?

a. Por el periódico

b. Por la radio

c. Por la televisión

d. Te lo ha contado alguien

e. Por Internet

¿CONOCES A ALGUIEN QUE RECIENTEMENTE...

... se ha casado?
... ha tenido un accidente?
... ha aprobado un examen?
... ha encontrado un trabajo?
... ha conocido a alguien especial?

5 Eres capaz de... Dar noticias y hablar de hechos recientes

Lección 1

NOTICIAS RADIOFÓNICAS

26 ESCUCHA

1. Escucha las noticias de la radio y marca verdadero o falso.

Radio Juventud, la radio que te habla claro. Sintonízanos en el 97 punto cero de tu dial.

- Hoy el alcalde de la capital ha puesto la primera piedra de un nuevo museo de Arte Contemporáneo. El alcalde ha dicho que este museo va a ser el más grande de la ciudad.
- Ha muerto a los 78 años de edad José Antolínez, el actor y escritor. A su entierro han ido más de tres mil personas.
- Hoy ha sido un día muy caluroso. En algunos barrios de la capital ha hecho más calor que nunca: 39 grados centígrados. En el norte ha llovido bastante. En el sur y este del país ha hecho un viento muy fuerte.
- La ministra de Medio Ambiente ha dicho que la contaminación del aire en las ciudades ha alcanzado niveles preocupantes. Ha pedido al presidente del Gobierno medidas especiales para disminuirla. El Gobierno se va a reunir mañana viernes para tratar este tema.
- Se ha descubierto un fósil de un ser humano de más de veinte mil años de antigüedad en las obras del metro. Esta mañana ha visitado las obras el ministro de Cultura. El ministro ha declarado que el hallazgo es muy importante.

	V	F
a. Se ha construido un museo muy importante.	☐	☐
b. Ha ido poca gente al entierro de un escritor.	☐	☐
c. Hoy ha hecho mucho calor.	☐	☐
d. La ministra está preocupada por la contaminación.	☐	☐
e. Han hecho un descubrimiento importante en el metro.	☐	☐

¡QUÉ SUERTE!

LEE

2. Relaciona la noticia con la reacción más adecuada.

a. He tenido un accidente.
b. He recibido una carta de mi tía Lucía. Está muy enferma.
c. Me ha tocado la lotería.
d. Estoy enfadada porque no me han subido el sueldo.
e. Mi novia me ha dejado. Estoy bastante mal.
f. He perdido el avión por cinco minutos.
g. Estoy contento porque he aprobado el examen de español.

1. ¡Qué mala suerte!
2. ¡Qué suerte! ¿Cuánto te ha tocado?
3. ¡Ánimo, hombre! A lo mejor os reconciliáis.
4. ¡Dios mío! ¿Te ha pasado algo?
5. ¡Qué mal! Es una injusticia.
6. Lo siento mucho. Que se mejore.
7. ¡Enhorabuena! Se nota que has estudiado mucho.

LO HE LEÍDO

OBSERVA

3. Relaciona los verbos con su participio.

a. poner	**1.** hecho
b. leer	**2.** salido
c. hablar	**3.** desayunado
d. hacer	**4.** puesto
e. salir	**5.** leído
f. desayunar	**6.** ido
g. ir	**7.** hablado

COMUNICA

¿QUÉ HA HECHO MARTA HOY?

4. Ordena las fotos y explica lo que ha hecho Marta hoy.

Ejemplo: Hoy Marta ha desayunado leche con galletas.

LAS SEIS DIFERENCIAS

ESCRIBE

5. En la primera foto Marta está trabajando, en la segunda va a salir a cenar. Escribe frases para explicar lo que ha pasado con estas expresiones, como en el ejemplo.

soltarse el pelo	*Marta se ha soltado el pelo.*
cambiarse de ropa	
maquillarse	
quitarse las gafas	
ponerse joyas	
pintarse los labios	

¿QUÉ HAS HECHO HOY O ESTA SEMANA?

INTERACTÚA

6. En parejas, pregunta a tu compañero por las cosas que ha hecho hoy o esta semana.

Ejemplo: – *¿Has salido con tus amigos hoy/esta semana?*
– *No, no he salido/Sí, esta tarde.*

Eres capaz de... Hablar de lo que ya se ha hecho y de lo que no se ha hecho todavía

¿PONEN ALGO INTERESANTE EN LA TELE?

27 ESCUCHA LEE

1. Lee la programación de TV y escucha las conversaciones. ¿Cuántos errores hay en la conversación? Identifícalos y corrígelos.

Programación para hoy lunes:

La Primera	
19.00	Telenovela *Color de rosa.*
20.00	Cine de 1.ª, *La chispa de la vida*, de Á. de la Iglesia.
22.00	Fútbol. Desde el estadio Santiago Bernabéu, partido de ida de los octavos de final de la Champions League Real Madrid-Inter.
00.00	Noticias de la noche.
00.30	Documental: *Los parques naturales de Costa Rica: el último paraíso.*

Antena Dos	
19.15	En directo desde el Parlamento, debate sobre el presupuesto nacional.
19.45	*Dinero y poder:* los más recientes casos de corrupción política, un reportaje exclusivo de Antena Dos.
20.30	*Temas de hoy.* Programa de debates presentado por Daniel de la Hoz.
21.30	Noticias.
22.00	Cine para sonreír. Ciclo de cine de humor: *Torrente 2*, de S. Segura.

- ¿Ya ha acabado la telenovela?
- No, todavía no ha acabado. Le faltan diez minutos. Después empieza la película *La chispa de la vida*.
- ¿Han empezado ya las noticias de La Primera?
- No. Todavía está el programa de debate.

- ¿A qué hora ponen el documental sobre los parques naturales de Costa Rica?
- No sé. Creo que es después del partido de fútbol.
- ¿En qué cadena retransmiten en directo los debates del Parlamento?
- En La Primera solo ponen un resumen y es en diferido. A lo mejor es en Antena Dos.
- ¿Ponen algo interesante?
- Humm, en La Primera no hay nada interesante. Ahora, en Antena Dos hay un reportaje sobre los casos de corrupción entre políticos. A lo mejor está bien.
- ¿Y más tarde, no hay alguna comedia o algún programa de humor? Tengo ganas de relajarme, no de enfadarme más todavía.
- No, no hay ninguna comedia ni ningún programa de humor. Lo siento.

- ¿Alguien quiere ver la película de *Torrente*?
- Jorge, nadie quiere ver la película. Todos queremos ver el partido en Antena Dos.

PARA AYUDARTE

Ya están las noticias = Antes no estaban, ahora sí están las noticias.
Ya no están las noticias = Antes estaban, ahora no están.
Todavía están las noticias = Antes estaban, y ahora siguen las noticias.
Todavía no están las noticias = Antes no estaban, ahora tampoco están.

Todavía indica que sigue la misma situación.
Ya indica que ha habido un cambio en la situación.

ESCRIBE

LA AGENDA DE RICARDO

2. **Mira la agenda de Ricardo y escribe frases con lo que Ricardo ha hecho ya y lo que todavía no ha hecho.**

Ejemplo: - *Ricardo todavía no ha llevado su traje a la tintorería.*

- ....
- ....
- ....
- ....
- ....

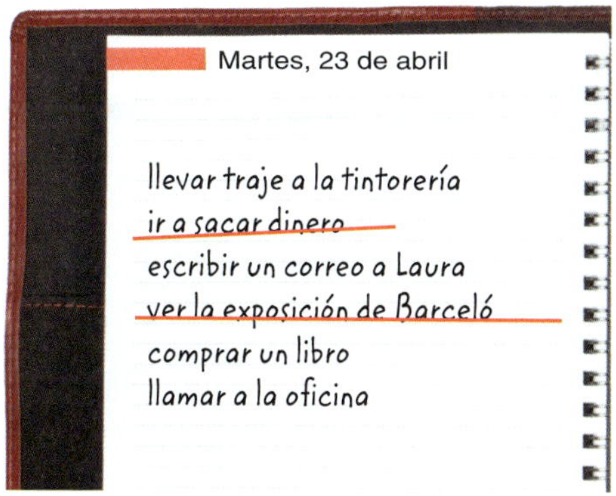

CUESTIONARIO

INTERACTÚA

3. **¿Has tenido muchas experiencias en tu vida? Contesta y compara con tus amigos.**

Ejemplo: - *¿Alguna vez has montado en camello?*
- *Sí, alguna vez, he montado en camello en Canarias.*

Tenerife, Canarias, España

¿Alguna vez...

- ... has entrado dentro de una pirámide o has subido a la alto de una? (En Egipto, México, Guatemala, etc.)
- ... has montado en un animal aparte del caballo? (Burro, camello, elefante, etc.)
- ... has tenido una mascota?
- ... has escrito un poema o has compuesto una canción?
- ... te has bañado / has buceado con tiburones / delfines / etc., cerca?
- ... has visto de cerca a una persona famosa?
- ... has estado en un desierto / jungla tropical?
- ... has hecho una cosa ilegal / peligrosa?

PARA AYUDARTE

EXPRESAR UNA CANTIDAD INDETERMINADA O INEXISTENTE

número no determinado	cero	
algún / alguno **alguna** **algunos** **algunas**	**ningún / ninguno** **ninguna**	**todo** **toda** **todos** **todas**

algún / ningún: seguido de sustantivo
- *¿Has visto algún reportaje interesante?*

alguno / ninguno: sin sustantivo
- *Sí, he visto alguno / uno...*
- *No, no he visto ninguno.*

algo = alguna cosa
nada = ninguna cosa
- *¿Quieres comer algo?*
- *No, no quiero nada.*

alguien = alguna persona
nadie = ninguna persona
- *¿Viene alguien? Oigo un ruido.*
- *No, no viene nadie.*

todo = todas las cosas
- *¿Qué te gusta comer?*
- *Me gusta todo.*

COMUNICA

CONOCE A TU COMPAÑERO

4. **Pregunta a tu compañero por estas cosas:**
¿Tienes / Haces / Hablas algún/alguna...?

- familiar en el extranjero
- idioma extranjero
- afición
- deporte

5 Puedes...

Conjugar verbos en pretérito perfecto compuesto, usar los marcadores temporale

Evalúate

Total ____ / 69

PRETÉRITO PERFECTO COMPUESTO DE LOS VERBOS REGULARES		COMPRAR	COMER	VIVIR
(Yo)	*he*	*compr**ado***	*com**ido***	*viv**ido***
(Tú)	*has*	*compr**ado***	*com**ido***	*viv**ido***
(Él/ella/Ud.)	*ha*	*compr**ado***	*com**ido***	*viv**ido***
(Nosotros/as)	*hemos*	*compr**ado***	*com**ido***	*viv**ido***
(Vosotros/as)	*habéis*	*compr**ado***	*com**ido***	*viv**ido***
(Ellos/as/Uds.)	*han*	*compr**ado***	*com**ido***	*viv**ido***

Uso: expresa un acontecimiento pasado dentro de una unidad de tiempo no terminado.
Esta mañana he tomado un buen desayuno.

1. Escribe el verbo en pretérito perfecto compuesto.

a. Este verano (ir, nosotros) .... a la playa. (Estar) .... en un hotel de cuatro estrellas muy cerca del mar. El hotel nos (gustar) .... mucho. Es nuevo y muy cómodo. (Tomar, nosotros) .... el sol todos los días y (comer) .... mucho pescado y marisco. Además, (tener) .... un tiempo estupendo, sol y buena temperatura todos los días.

b. Te presento a mi amigo Pedro Juan, es una persona muy interesante. (Viajar, él) .... mucho por Hispanoamérica y (vivir) .... en diferentes países, como Chile, Argentina y Paraguay. En sus viajes, (conocer) .... a todo tipo de personas desde escritores hasta pescadores.

c. Esta mañana (tener, yo) .... muchos problemas. (Levantarse, yo) .... tarde, a las ocho y media. Luego, (perder) .... el autobús. Así que (llegar) .... tarde a la oficina. Durante la mañana, (trabajar) .... muchísimo, por eso ahora estoy agotado.

d. Esta tarde mi hijo César (ir) .... al cine con sus amigos. (Comprar) .... las entradas por Internet. Allí (encontrarse) .... por casualidad con los compañeros de la universidad y todos (sentarse, ellos) .... juntos en el cine. Luego, (tomarse, ellos) .... un refresco en un bar antes de volver a casa.

/ 19

2. Participios regulares e irregulares. Relaciona los participios con su infinitivo.

a. Abierto	1. Comprar
b. Bebido	2. Decir
c. Comprado	3. Poner
d. Conocido	4. Viajar
e. Dicho	5. Volver
f. Escrito	6. Abrir
g. Hecho	7. Ver
h. Puesto	8. Escribir
i. Recibido	9. Hacer
j. Dormido	10. Recibir
k. Viajado	11. Dormir
l. Visto	12. Conocer
m. Vuelto	13. Beber
n. Ido	14. Ir

/ 14

PARTICIPIOS REGULARES	
- AR	- ER / - IR
- ado	- ido
encontrado llamado	tenido vivido

3. Clasifica los participios del ejercicio anterior en dos columnas: los regulares y los irregulares.

Participios regulares	Participios irregulares
Bebido	Abierto
....	....
....	....
....	....
....	....
....	....
....	....

/ 12

4. Completa con las expresiones de tiempo adecuadas:
alguna vez, una vez, varias veces, nunca, ya, todavía no.

a. - ¿Has hecho submarinismo ....?
- No, ..., la verdad es que no nado muy bien.

b. - ¿Has terminado .... de comer?
- No, ... Me falta el postre.

c. - ¿Habéis estado .... en Andalucía?
- Sí, ... Conocemos Granada, Sevilla y Córdoba.

d. - ¿Han probado .... tus amigos los chapulines (saltamontes) en México?
- No, ... Acaban de llegar, pero han oído que son muy sabrosos.

e. - ¿Has viajado .... a algún país sin hablar el idioma?
- Sí, ..., cuando estuve en Atenas. Pero los griegos son amables y te hablan en español o inglés.

f. - ¿Ha visto Antonio .... el nuevo musical?
- Sí, ... Estuvo una vez con sus padres, otra vez con su novia y otra conmigo.

g. - ¿Han conocido tus hijos .... a su nuevo profesor?
- No, ... Han estado enfermos y no han ido a clase.

h. - ¿Has recibido .... un regalo sin saber de quién era?
- No, ... A mí no me hacen muchos regalos.

/ 16

MARCADORES TEMPORALES

Hoy Esta mañana Esta tarde Esta noche Esta semana Este mes Este año	*he hecho la compra.* *hemos estado de vacaciones.*

- *¿Has estado alguna vez en el Caribe?*
- *No, no he estado nunca.*

- *¿Has contestado los correos electrónicos?*
- *Sí, los he contestado esta mañana.*

PRONOMBRES Y ADJETIVOS INDEFINIDOS

OBJETOS	Algo	*¿Tenemos algo dulce?*
	Nada	*No, no tenemos nada.*
PERSONAS	Alguien	*¿Lo sabe alguien?*
	Nadie	*No, no lo sabe nadie.*
OBJETOS Y PERSONAS	Algún / Alguno, -a, -os, -as	*¿Tienes algún libro de Cortázar?*
	Ningún / Ninguno, -a	*Creo que no tengo ninguno.*

Algo, alguien y *alguno* se usan en frases afirmativas. *Nada, nadie* y *ninguno* en frases negativas.
Cuando es adjetivo, tiene el mismo género y número que el nombre que acompaña.
Para masculino singular se utilizan las formas *algún, ningún.*
- *¿Tienes algún disco de Juanes?* - *Sí* - *¿Me dejas alguno, por favor?*

5. Completa con el indefinido correcto.

/ 8

Querida Ana:
Te escribo preocupado porque............................... se ha inventado la historia de que yo he salido con otra chica. No sé si este rumor te ha llegado, pero por si acaso te digo que no es cierto. No hay .... otra chica. .... de esto es cierto. .... se lo ha inventado, ... idiota envidioso de la oficina para hacernos daño a ti y a mí.
.... amigos me han dicho que no merece la pena contarte nada. Pero yo pienso que si .... vez te enteras por otra persona es mucho peor. .... debe interponerse entre nosotros.

RECURSOS ▶ Eres capaz de... Expresar estados de ánimo y reaccionar ante las noticias

LEE 1. ¡Cuánto sentimiento!

Relaciona estas expresiones de sentimientos con sus definiciones.

a. ¡Qué pena! (decepción)
b. ¡Qué bien! (alegría)
c. ¡Qué me dices! (sorpresa)
d. ¡Qué lata! (aburrimiento)
e. ¡Ojalá! (ilusión)
f. ¡Menos mal! ¡Uf! (alivio)
g. ¡Qué remedio! (resignación)
h. ¡Ya era hora! ¡Vamos! (impaciencia)

1. Esperanza de que algo bueno va a pasar o está pasando.
2. Tristeza al no conseguir algo esperado o ver que es peor de lo esperado.
3. Sentimiento positivo al ver que algo malo y esperado al fin no se produce.
4. Sentimiento de sorpresa cuando pasa algo inesperado.
5. Falta de tranquilidad por esperar mucho tiempo.
6. Reacción frente a algo malo para convencerse de que es inevitable.
7. Falta de interés o diversión, a veces provocado por la monotonía.
8. Sentimiento de satisfacción, placer o felicidad, estar contento y mostrarlo.

ESCRIBE 2. La reacción más normal.

Lee estas frases de correos electrónicos, observa el emoticono utilizado y elige la respuesta más adecuada entre estas expresiones.

a. - Tengo que corregir 200 ejercicios de mis alumnos.
b. - Han arreglado la tele justo a tiempo para ver mi serie.
c. - Nos ha tocado la lotería.
d. - Javier no puede salir. Tiene que estudiar.
e. - Mira, ya llega el autobús, quince minutos tarde.
f. - Shakira viene aquí a dar un concierto.
g. - No te han dado el trabajo.
h. - A lo mejor mis padres me compran un coche.

a.  - ....
b.  - ....
c.  - ....
d.  - ....
e.  - ....
f.  - .... No sabía nada.
g.  - .... Ya tendré más suerte la próxima vez.
h.  - ....

¡Qué bien!
¡Qué pena!
¡Qué me dices!
¡Menos mal!
¡Ya era hora!
¡Ojalá!
¡Qué remedio!
¡Qué lata!

PRONUNCIACIÓN Y ORTOGRAFÍA

ESCUCHA 28 1. Puntuación.

Escucha y escribe los signos de puntuación para estas frases (exclamativos, interrogativos o solo un punto).

a. Qué mala suerte
b. Y tú, estás contento también
c. Qué interesante
d. Esta película es antigua
e. Sabes de qué signo del horóscopo eres
f. No me digas

LEE 2. Entonación.

En parejas, por turnos. A dice una de las frases de abajo. B debe distinguir si es una pregunta (¿?), una exclamación (¡!) o una afirmación (.).

Hoy es jueves
Qué día tan bonito
Qué día tienes libre
Estás loco
Otro programa de cotilleo en la tele
Nuestro autobús se marcha
Estás guapísima hoy

ESCRIBE

1. ¿De qué medio hablamos?

Escribe las palabras en la columna correspondiente. La misma palabra se puede asociar con más de un medio.

el anuncio | la arroba | el artículo | el canal | la página | el pie de foto | el/la presentador/-a | la cartelera | la emisora | el micrófono | navegar | el programa | la publicidad | el/la reportero/a | el suplemento dominical | el virus

INTERNET

PRENSA (ESCRITA)

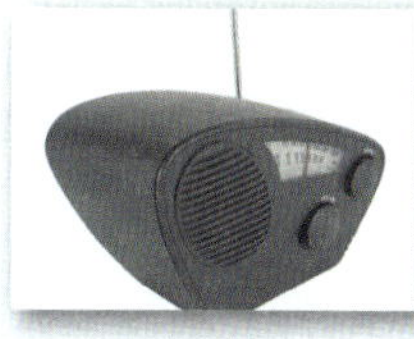
RADIO

TELEVISIÓN

OBSERVA

2. Las secciones de un periódico.

Explica en qué sección van estas noticias.

- (a) nacional
- (b) internacional
- (c) local
- (d) deportes
- (e) economía
- (f) ciencia y tecnología
- (g) arte y cultura
- (h) ocio y espectáculos

☐ Contador gana el Tour de Francia.

☐ Lista de novelas más vendidas en el mundo el año pasado.

☐ Se convocan elecciones en Bolivia.

☐ El alcalde de tu ciudad inaugura/abre un parque nuevo.

☐ SE HA DESCUBIERTO UNA VACUNA CONTRA LA MALARIA.

☐ SE ESTRENA UNA PELÍCULA DE SPIELBERG.

☐ Accidente aéreo en (tu país).

☐ Baja la tasa de desempleo: tres mil parados menos en el último mes.

COMUNICA

3. Programas de televisión.

Relaciona las frases con los tipos de programas televisivos.

- **a.** Generalmente se ve primero en el cine, después en la tele.
- **b.** Salen personas hablando que nunca se ponen de acuerdo.
- **c.** Un tema de actualidad, con imágenes exclusivas, a veces de gran impacto.
- **d.** Son muchos capítulos, la historia es romántica y no muy original.
- **e.** El contenido es científico o cultural. Tienen mucho éxito los de animales.
- **f.** Es un programa corto, siempre los mismos personajes con historias parecidas.
- **g.** Un repaso de todos los temas de actualidad, lo que ha pasado recientemente.
- **h.** Hay premios, normalmente de dinero. Los participantes intentan ganar.

- ◯ reportaje
- ◯ documental
- ◯ noticias
- ◯ telenovela
- ◯ película
- ◯ serie
- ◯ debate
- ◯ concurso

INTERACTÚA

A2 DELE

4. Noticias de casa.

En parejas. Comenta alguna noticia tuya o de tu familia o conocidos. Utiliza alguna de estas expresiones.

casarse | tener un bebé / ser padre | morirse | aprobar / suspender un examen (decir cuál) | encontrar / cambiar de trabajo | cambiarse de casa | irse a otra ciudad / otro país

A2 DELE

ESCUCHA 29

1. Llamadas del oyente.

Escucha tres llamadas de oyentes que quieren contar noticias recientes, y apunta los datos para los redactores de tu web.

Página web de noticias ***Tus noticias frescas*** blog

¿En qué noticia (1, 2 o 3) ocurren estas cosas?

	1	2	3
a. Alguien ha muerto ahogado en el mar.	___	___	___
b. Han descubierto un objeto extraño.	___	___	___
c. Ha ido mucha gente a un campo de fútbol.	___	___	___
d. Ha pasado en Santander.	___	___	___
e. Ha pasado en una isla.	___	___	___
f. Ha pasado en el campo.	___	___	___

¡Datos exactos!

g. ¿Cuántos científicos han ido a Villarreal? ______________
h. ¿A qué hora ha caído el objeto extraño? ______________
i. ¿Qué objeto es? ______________
j. ¿Cómo se llama el grupo musical que ha actuado? ______________
k. ¿Cuántas entradas se han vendido? ______________
l. ¿Cuántas barcas se han hundido este año? ______________
m. ¿Cuántas personas han muerto? ______________

COMUNICA

2. El Día Internacional de las Buenas Noticias.

a. En grupos de tres, habla con tus compañeros y piensa cuáles son las seis noticias mejores, de al menos tres secciones distintas: nacional, internacional, local, deportes, arte y cultura, economía, espectáculos y ocio.

b. Preparad las noticias y leedlas a toda la clase como un boletín de radio llamado *Día Internacional de las Buenas Noticias.*

c. Después de escuchar las noticias de toda la clase, se vota por la mejor noticia, la más positiva.

LEE

3. Portada.

Lee los titulares de los periódicos de hoy y contesta las preguntas.

Penélope Cruz estrena película

SE CONVOCAN ELECCIONES EN VENEZUELA PARA DENTRO DE DOS MESES

El Real Madrid gana 3-0 al Bayern de Múnich

Ricky Martin lanza un nuevo disco

LOS TRANSPORTISTAS ARGENTINOS HACEN HUELGA

SUBE EL PRECIO DEL PETRÓLEO

a. ¿Alguien ha hecho huelga?
b. ¿Algún cantante ha sacado un disco?
c. ¿Hay alguna noticia sobre cine?
d. ¿Ha pasado algo en Venezuela?
e. ¿Hay alguna noticia económica?
f. ¿Ha ganado algún equipo alemán?

interactúa

A2 DELE

Cuentas experiencias recientes

Escribe un correo a un amigo siguiendo estas instrucciones.

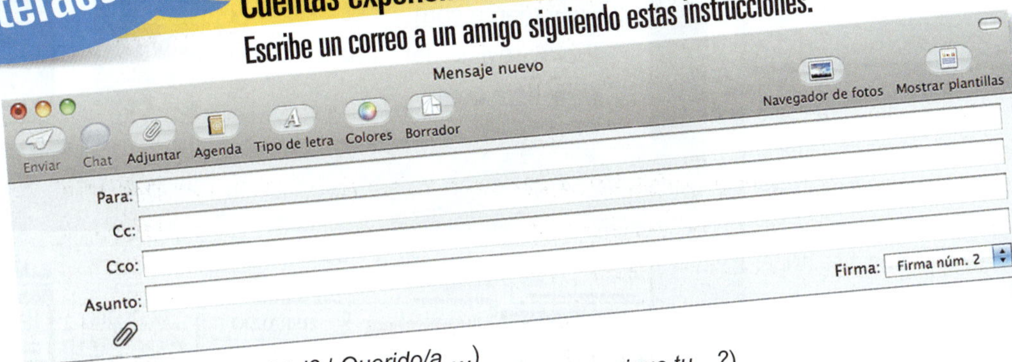

– saluda (*Hola / ¿Qué tal? / Querido/a …*)
– pregunta por su familia (*¿Cómo está[n]…? / ¿Cómo sigue tu…?*)
– pregunta si ha aprobado un examen (tú decides cuál)
– cuenta estas cosas:
  - Un amigo común ha encontrado un trabajo muy bueno (explica cuál)
  - Un nacimiento o una boda o un divorcio o una muerte de algún miembro de tu familia
  - Un viaje tuyo reciente (explica dónde, qué has visto, qué has comprado)
– despídete (*Bueno, eso es todo de momento / Recuerdos a tu familia / Escríbeme pronto / Cuéntame cómo te va en el trabajo / … en la universidad, etc. / Espero verte muy pronto / Un abrazo / Un saludo*)

CONOCES...

La prensa en español

LEE **Lee el texto y contesta las preguntas.**

Tirada de periódicos
(en papel)

El País (España): 475 000
El Mundo (España): 365 000
Marca (España): 400 000
Clarín (Argentina): 300 000
El Tiempo (Colombia): 275 000
El Universal (México): 180 000
El Comercio (Perú): 100 000
El Universal (Venezuela): 80 000

11:00 AM

LA VANGUARDIA · Clarín · EL MUNDO · EL UNIVERSAL · EL MERCURIO · EL NACIONAL

LOS PERIÓDICOS DIGITALES MÁS VISITADOS

www.elmundo.es Es el diario más leído en idioma español con más de un millón de lectores al día.

En su versión *on-line* este diario ofrece todas las secciones y suplementos de su versión escrita y además apartados especiales sobre libros, viajes, salud, economía, Internet, diccionarios, etc.

www.elpaís.com La página del diario *El País* es la segunda más visitada de España en cuanto a noticias se refiere. Solo la mitad de sus visitantes son de España, ya que el resto proviene mayormente de países latinoamericanos.

www.clarín.com El diario *Clarín* es el principal y más leído de Argentina y su versión *on-line* es la segunda más leída en español.

El 70% de los visitantes son argentinos y el resto se reparte entre lectores de Latinoamérica y España.

www.latercera.cl Es el diario chileno más leído con sede en Santiago y de cobertura nacional. Su versión impresa es la de mayor tirada en todo Chile y su versión *on-line* es la más visitada de su país y la cuarta más leída en idioma español.

Otros destacados diarios digitales son: www.eluniversal.com.mx de México, y www.eltiempo.com de Colombia.

Prensa más especializada:
Marca: periódico deportivo
www.marca.com
¡Hola!: revista del corazón
www.hola.com

Entra en las páginas web de tres medios de comunicación el mismo día y compara las portadas.

1. ¿Cuántas noticias aparecen en los tres medios?

2. ¿Qué noticia se presenta como más importante (mayor tamaño de letra y de fotos, más extensión, etc.) en cada medio? Resume la noticia en una frase: ¿Qué ha pasado?

3. ¿Cómo describirías cada medio?
- **a.** prensa *seria*
- **b.** sensacionalista o *amarilla*
- **c.** prensa deportiva
- **d.** prensa del corazón o prensa *rosa*
- **e.** (otra)

Chichén Itzá, México

AYER EN EL TRABAJO 6

Competencia pragmática

Eres capaz de...

- contar hechos pasados
- pedir excusas
- expresar el estado de ánimo

Competencia lingüística

Puedes...

- conjugar verbos regulares e irregulares en pretérito perfecto simple
- usar los marcadores temporales con el pretérito perfecto simple
- utilizar los pronombres de objeto directo e indirecto

Competencia léxica y sociolingüística

Conoces...

- los nombres de los muebles y objetos de un despacho
- la vida de dos grandes pintores

Interactúa

- analizas los errores

TEST CULTURAL

1. **¿QUIÉN PINTÓ *LAS MENINAS*?**

a. Velázquez
b. Goya
c. Picasso

2. **¿QUIÉN ESCRIBIÓ *EL QUIJOTE*?**

a. Lope de Vega
b. Calderón
c. Cervantes

3. **¿QUIÉNES CONSTRUYERON LA GRAN PIRÁMIDE DE CHICHÉN ITZÁ?**

a. Los egipcios
b. Los mayas
c. Los aztecas

4. **¿QUIÉN DIO LA VUELTA AL MUNDO POR PRIMERA VEZ?**

a. Hernán Cortés
b. Juan S. Elcano
c. Cristóbal Colón

5. **¿QUIÉN LE PUSO EL NOMBRE DE *PACÍFICO* AL OCÉANO ASÍ LLAMADO?**

a. Magallanes
b. Cristóbal Colón
c. Núñez de Balboa

PROBLEMAS EN LA OFICINA

ESCUCHA 30

1. Escucha el diálogo, contesta verdadero o falso y corrige la información.

Pilar: Hola, Carmen, ¿qué pasó ayer? Esperé tu llamada toda la tarde, pero no me llamaste.

Carmen: ¡Ay!, perdona Pilar, es que fue imposible llamarte. Cuando terminó la conferencia, salí corriendo y me dirigí a la parada del autobús, pero perdí el autobús y no conseguí parar un taxi. Así que me tocó andar. Llegué a mi oficina tarde, me llamó mi jefa y enseguida nos metimos en una reunión. Después de la reunión sirvieron unas tapas y nos quedamos hablando con unos clientes. A las cuatro y media me marché del trabajo deprisa para recoger a mi hija del cole a las cinco, y ya no me acordé de llamarte.

Pilar: Pero te envié un correo por la tarde. ¿No lo recibiste?

Carmen: No lo recibí. Miré los correos por la noche. ¿A qué correo lo mandaste?

Pilar: Pues lo mandé a cmg@edelsa.es.

Carmen: Ese es el antiguo. Debiste mandármelo al correo nuevo: carmenmartinez-arroba-edelsa-punto-es. Te lo apunté en un papel. ¿Te acuerdas?

Pilar: ¡Ah!, perdona, es que me confundí.

	V	F
a. Carmen llamó a Pilar ayer por la tarde.	☐	☐
b. Pilar esperó la llamada de Carmen.	☐	☐
c. Carmen tomó un taxi para volver a su oficina.	☐	☐
d. Cuando llegó a su oficina, su jefa se metió en una reunión.	☐	☐
e. Carmen se marchó del trabajo a las cinco.	☐	☐
f. Pilar le mandó una carta a Carmen.	☐	☐
g. Pilar se equivocó de correo.	☐	☐

PARA AYUDARTE

MARCADORES TEMPORALES CON PRETÉRITO PERFECTO SIMPLE

Ayer esperé tu llamada.
El viernes por la tarde salí a las 9 del trabajo.
El mes pasado trabajé todos los sábados.

	PRETÉRITO PERFECTO SIMPLE		
VERBOS REGULARES	LLAMAR	DEBER	RECIBIR
(Yo)	*llamé*	*debí*	*recibí*
(Tú)	*llamaste*	*debiste*	*recibiste*
(Él/ella/Ud.)	*llamó*	*debió*	*recibió*
(Nosotros/as)	*llamamos*	*debimos*	*recibimos*
(Vosotros/as)	*llamasteis*	*debisteis*	*recibisteis*
(Ellos/as/Uds.)	*llamaron*	*debieron*	*recibieron*

UN VIAJE DE TRABAJO

ESCRIBE

2. Hoy Pilar ha vuelto de un viaje de trabajo y redacta unas notas para contar lo que ha hecho.

a. Salir del hotel.
b. Empezar unas visitas a clientes.
c. Comer con un cliente.
d. Asistir a reuniones en la feria.
e. Escribir varios correos electrónicos.

Ejemplo: Salí del hotel a las siete y media.

EL BINGO DE LO QUE HICIMOS AYER

COMUNICA

3. En grupos de tres o cuatro, cada jugador rellena la página de la agenda con cinco cosas (de la lista) que hizo el fin de semana pasado.

Por turnos, pregunta a alguien del grupo, por ejemplo: - *¿Comiste en un restaurante el sábado al mediodía?*
- *Sí, comí en un restaurante. / No, no comí en un restaurante.*

Si responde que sí, marca una cruz (x). Si responde que no, haz otra pregunta a otro compañero, si el segundo también responde *no*, pasa el turno al siguiente.

Gana el primer jugador con tres cruces (xxx).

Para terminar, todos los jugadores dicen las cosas que nadie ha adivinado.

- asistir a una fiesta
- comer en un restaurante
- salir con los amigos
- bailar en la discoteca
- pasear por el parque
- desayunar en la cama
- quedarse en casa viendo la tele

ES QUE...

COMUNICA

4. En parejas. A elige una queja y la dice en voz alta. B tiene que buscar una excusa adecuada.

Quejas
¿Por qué...

... saliste de casa tan tarde ayer?
... no me saludaste ayer?
... tardaste tanto?
... no acabaste los deberes?

Excusas
Es que...

... no te vi.
... de repente me sentí muy enfermo.
... perdí el autobús.
... me llamó una amiga antes de salir.

PARA AYUDARTE

PEDIR EXCUSAS

- ¿Por qué no me llamaste?
- Es que no encontré tu teléfono.

¿QUÉ HICIERON?

A2 DELE · 31 · ESCUCHA · LEE

1. a. Lee y escucha. Después anota la información correcta en su sitio.

Isabel Velasco
- ¿Conoció usted al famoso director de cine Luis Buñuel?
- Sí, le hice una entrevista en 1980, hace más de treinta años. Me dijo muchas cosas sobre sus películas y su vida personal.
- ¿Y esa entrevista, dónde se la hizo?
- Fui a su casa, en México. Tuve suerte porque estuvo conmigo casi dos horas. Fue muy amable. Me puso un café y me dio una foto dedicada.

Carlos y Amalia
- ¿Qué hicisteis la semana pasada?
- Nos fuimos a Madrid, estuvimos ahí cinco días, hicimos un curso de informática. Tuvimos prácticas, seminarios y charlas, ya sabes. Estuvo muy bien.
- ¿Y pudisteis dar una vuelta por la ciudad?
- Sí, salimos casi todas las noches, pero poco tiempo, solo para cenar.

Emilio
- ¿Has estado alguna vez en una feria de turismo?
- Sí, estuve hace cuatro meses en la feria de turismo de Barcelona e hice la presentación de una cadena de hoteles.
- ¿Y te pusiste nervioso?
- Bueno, un poco al principio. Pero cuando vi el gran interés de la gente me quedé más tranquilo.

a.

b.

c.

	a.	b.	c.
¿Qué?			
¿Dónde?			
¿Cuándo?			

b. A partir de la información de cada columna, cuenta lo que hizo cada uno.

ALGUNOS VERBOS IRREGULARES	PRETÉRITO PERFECTO SIMPLE			
	ESTAR	IR / SER	HACER	VER
(Yo)	*estuve*	*fui*	*hice*	*vi*
(Tú)	*estuviste*	*fuiste*	*hiciste*	*viste*
(Él/ella/Ud.)	*estuvo*	*fue*	*hizo*	*vio*
(Nosotros/as)	*estuvimos*	*fuimos*	*hicimos*	*vimos*
(Vosotros/as)	*estuvisteis*	*fuisteis*	*hicisteis*	*visteis*
(Ellos/as/Uds.)	*estuvieron*	*fueron*	*hicieron*	*vieron*

INTERACTÚA

CUÉNTAME

2. En grupos de tres o cuatro. Por turnos cada alumno hace preguntas y los compañeros responden con la ayuda de las palabras del cuadro.

Preguntas *¿Qué hiciste / hicisteis... ¿Viste / Visteis a alguien...?*	Posibles respuestas *Estuve / Fui / Tuve / Hice / Di Estuvimos / Fuimos / Tuvimos/ Hicimos / Dimos*
... ayer? ... el fin de semana pasado? ... la semana pasada?	... en una fiesta / al parque / mucho trabajo / una barbacoa No, no vi / vimos a nadie. Sí, vi / vimos a...

LA ÚLTIMA VEZ

COMUNICA

3. **En parejas. Pregunta a tu compañero cuándo fue la última vez que hizo alguna de las cosas de la lista. Él responde. Haz otra pregunta sobre el tema. Él explica brevemente.**

Ejemplo: - *¿Cuándo fue la última vez que bailaste?*
- *La última vez que bailé fue la semana pasada.*
- *¿Dónde bailaste? o ¿Con quién bailaste?*
- *Fui a la discoteca con unos amigos y…*

bailaste · **contaste un chiste** · **cantaste** · **tuviste fiebre** · **te bañaste en el mar** · **hiciste un regalo a alguien** · **fuiste a una fiesta**

INTERACTÚA

¿QUIÉN LO HIZO POR PRIMERA VEZ?

4. a. **Relaciona y forma frases como en el ejemplo.**

Ejemplo: Bill Haley tocó por primera vez rock n' roll.

a. Tocar *rock n' roll*	**1.** los chinos
b. Crear una vacuna	**2.** Edmund Hillary
c. Pisar la Luna	**3.** Bill Haley
d. Llegar a la cima del Everest	**4.** Neil Armstrong
e. Usar la pólvora	**5.** Louis Pasteur
f. Comer una especie de *pizza*	**6.** Cristóbal Colón
g. Mascar chicle	**7.** los griegos
h. Descubrir América	**8.** los estadounidenses

b. **Luego, en parejas, cada uno piensa en otra actividad y en quién lo hizo por primera vez, y el otro debe adivinarlo.**

Louis Pasteur

Cristóbal Colón

Neil Armstrong

¿A QUÉ/QUIÉN SE REFIERE?

OBSERVA

5. **Lee estas frases y di a qué o a quién se refieren las palabras subrayadas.**

Luis: (1) Te mandé un correo. ¿No (2) lo recibiste?
Susana: No, ¿cuándo (3) me (4) lo mandaste?
Luis: El sábado. (5) Se (6) lo mandé también a Sergio y él (7) lo recibió.

Se refiere a Susana ______ Se refiere al correo ______

Se refiere a Sergio ______

¿Cuáles de estas palabras son complemento directo y cuáles complemento indirecto?

6

Puedes... Conjugar verbos regulares e irregulares en pretérito perfecto simple, usar los

Evalúate

Total ____ / 69

¡OJO!

La 3.ª persona del singular del pretérito perfecto simple de los verbos en *-AR* se parece a la 1.ª persona del singular del presente de los verbos en *-AR*. La única diferencia es la tilde.

Ayer Pablo me llamó por teléfono.
Hoy le llamo yo.

PRETÉRITO PERFECTO SIMPLE DE LOS VERBOS REGULARES

	LLAMAR	DEBER	RECIBIR
(Yo)	*llam**é***	*deb**í***	*recib**í***
(Tú)	*llam**aste***	*deb**iste***	*recib**iste***
(Él/ella/Ud.)	*llam**ó***	*deb**ió***	*recib**ió***
(Nosotros/as)	*llam**amos***	*deb**imos***	*recib**imos***
(Vosotros/as)	*llam**asteis***	*deb**isteis***	*recib**isteis***
(Ellos/as/Uds.)	*llam**aron***	*deb**ieron***	*recib**ieron***

PRETÉRITO PERFECTO SIMPLE DE ALGUNOS VERBOS IRREGULARES

	ESTAR	IR / SER	VER	TENER	HACER	DAR
(Yo)	*estuve*	*fui*	*vi*	*tuve*	*hice*	*di*
(Tú)	*estuviste*	*fuiste*	*viste*	*tuviste*	*hiciste*	*diste*
(Él/ella/Ud.)	*estuvo*	*fue*	*vio*	*tuvo*	*hizo*	*dio*
(Nosotros/as)	*estuvimos*	*fuimos*	*vimos*	*tuvimos*	*hicimos*	*dimos*
(Vosotros/as)	*estuvisteis*	*fuisteis*	*visteis*	*tuvisteis*	*hicisteis*	*disteis*
(Ellos/as/Uds.)	*estuvieron*	*fueron*	*vieron*	*tuvieron*	*hicieron*	*dieron*

El pretérito perfecto simple del verbo *ser* tiene la misma forma que el verbo *ir*.

Uso: expresa una acción realizada y acabada en el pasado.
El año pasado viajé a Nueva York.

1. Escribe el verbo en pretérito perfecto simple.

a. - ¿Qué (hacer, tú) .... el domingo por la tarde?
- Pues (ir, yo) .... al cine y (ver) .... una película estupenda.

b. El sábado pasado (ser) .... mi cumpleaños, mi novia y yo (dar) .... una fiesta en casa con todos nuestros amigos. (Estar) .... todos reunidos desde las 2 de la tarde hasta las 12 de la noche. Así que (comer) .... y (cenar) .... todos juntos. (Ser) .... una fiesta estupenda.

c. Ayer (tener, nosotros) .... un día horroroso en la oficina. (Trabajar) .... hasta las nueve de la noche y no (tener) .... tiempo ni para comer.

d. - ¿Donde (estudiar) .... tú, Encarna?
- Yo (hacer) .... la carrera en Valladolid y después (trabajar) .... dos años en la universidad de Salamanca.

e. - Álvaro, ¿qué (cenar) .... los niños anoche?
- Pues María (cenar) .... una tortilla francesa y Pablo no (comer) .... nada.

f. Mis compañeros de la universidad no (salir) .... el fin de semana. Ni (ir) .... al cine ni (hacer) .... nada interesante.

/ 21

2. Clasifica los verbos del ejercicio anterior en la columna correspondiente:

hacer, beber, ver, ser, dar, estar, comer, cenar, tener, trabajar, estudiar, salir.

Pret. perf. simple regulares	Pret. perf. simple irregulares
....	....
....	....
....	....
....	....
....	....
....	....

/ 12

MARCADORES TEMPORALES

El pretérito perfecto simple suele utilizarse con los siguientes marcadores temporales:

Ayer La semana pasada El mes pasado El año pasado Hace dos años	*estuve en Buenos Aires.*

3. Completa las frases con presente o pretérito perfecto simple. Fíjate en los marcadores temporales.

a. Los sábados normalmente (estudiar, yo) ...., pero el sábado pasado no (estudiar) ....

b. Anoche nos (ir) .... a la cama muy tarde porque hoy no (trabajar) ....

c. - ¿(Conocer, tú) .... Panamá?

- Sí, (estar, yo) .... allí el año pasado.

- ¿Y te (gustar) ....?

- Sí, mucho. Y además me lo (pasar) .... muy bien.

d. Generalmente (comer, ellos) .... en casa, pero ayer (comer) .... en un restaurante.

e. La semana pasada Germán (tener) .... un accidente de tráfico, pero ya (estar) .... bien.

f. Ayer (ver, nosotros) .... una buena película. De verdad, te la (recomendar) ....

g. El año pasado mi novia (estar) .... en Tenerife. (Hacer) .... muchas excursiones: (ir) .... al Teide y (ver) .... el cráter del volcán.

/ 18

PRONOMBRES DE OBJETO

	DIRECTO	INDIRECTO
(Yo)	***me***	***me***
(Tú)	***te***	***te***
(Él/ella/Ud.)	***lo / la***	***le / se***
(Nosotros/as)	***nos***	***nos***
(Vosotros/as)	***os***	***os***
(Ellos/as/Uds.)	***los / las***	***les / se***

Cuando hay dos pronombres, primero va el indirecto y luego el directo.

- *¿**Me** mandas **esta información** por correo electrónico?*

- *Sí, **te la** mando.*

Cuando el indirecto *le, les* va seguido del directo *lo, la, los, las,* el indirecto se cambia por **se**.

Le, les + lo, la, los, las = **se** + lo, la, los, las.

Luis mandó una postal a Susana. = Luis se la mandó.

Es habitual nombrar el complemento indirecto dos veces con un pronombre indirecto antes del directo, y con un pronombre o un sustantivo detrás del verbo y la preposición *a*:

***Te** lo di **a ti**. **Se** la envió **a su mujer**.*

En general los pronombres van delante del verbo. Sin embargo, pueden ir detrás cuando el verbo va en infinitivo y en gerundio.

*¿**Me lo** vas a dar? / ¿Vas a dár**melo**?*

***Me lo** estoy comiendo. / Estoy comiéndo**melo**.*

Cuando el verbo va en imperativo, los pronombres van siempre detrás.

*Déja**me** este bolígrafo.*

4. Subraya los complementos de objeto directo e indirecto y cámbialos por pronombres, primero por separado, y luego los dos a la vez, como en el ejemplo.

Ejemplo: Pablo ofrece una tarta a sus amigos. / Pablo la ofrece a sus amigos. / Pablo les ofrece una tarta. / Pablo se la ofrece.

a. Marta dio los regalos a sus sobrinos. ....

b. Manda estos correos a nuestros clientes, por favor. ....

c. No hay que contar secretos a Ignacio. ....

d. ¿Vas a enviar flores a tu jefa? ....

e. Sergio nunca presta su coche a sus amigos. ....

f. El abuelo está contando historias a sus nietos. ....

/ 6

5. En los diálogos siguientes, completa las contestaciones con los pronombres adecuados.

a. - ¿A quién enviaste la postal, a Teresa? - No, ... envié a Maite.

b. - ¿A quién has contado tu secreto? - Solo .... he contado a vosotros.

c. - No me has dado ningún regalo. - .... di el mes pasado por tu cumple.

d. - ¿Qué hiciste con tus sellos antiguos? - .... regalé a mi sobrino.

e. - Lo siento, no puedo ir contigo al partido. - ¡Pero tú .... prometiste!

f. - ¿Dónde has comprado esas gafas? - .... compró mi madre en Francia.

/ 12

RECURSOS Eres capaz de... Expresar el estado de ánimo

LEE **1. ¿Qué sienten?**

Relaciona las imágenes con los diálogos.

a. - Pareces estresado. ¿Te pasa algo?
- Estoy **preocupado**. Ayer perdí mi trabajo.

b. - Me parece que estás **enfadado**. ¿Qué pasa?
- Nada, que mi novia se olvidó ayer de mi cumpleaños.

c. - Tienes cara **triste**. ¿Qué te pasa?
- Me acuerdo mucho de mi perro. Se murió la semana pasada.

d. - Elena, ¿no te lo pasaste bien en la fiesta?
- Pues no, estuve **aburrida** todo el rato. Nadie bailó.

e. - ¿Sabes que aprobé todos los exámenes?
- ¡Hombre!, estás **contento**, ¿verdad?

f. - ¡Oye, Lorena!, ¿por qué no vienes a la fiesta?
- ¡Uf! No, gracias, estoy muy **cansada**. Ayer salí y no dormí casi nada.

g. - Tienes examen mañana. ¿No estás **nervioso**?
- Pues sí. Ya llevo cinco exámenes, pero sigo nervioso.

h. Estoy **tranquila**. Yo no hice nada malo.

LEE **2. ¿Qué pasó?**

Lee otra vez los diálogos y subraya los verbos que se refieren a acciones pasadas.

PRONUNCIACIÓN Y ORTOGRAFÍA

LA TILDE EN LOS VERBOS

ESCUCHA 32 **1. Tilde.**

Escucha y repite cada frase; luego pon una tilde en el verbo si es necesario.

a. Yo no **hablo** mucho, pero mi hermano sí. Ayer **hablo** durante toda la cena.

b. Señora Martínez, usted me **llamo** ayer, así que hoy la **llamo** yo.

c. - ¿Te **toco** la lotería?
- No **se**.

LEE **2. Acentuación.**

Ahora lee en voz alta estas frases, subraya en todos los verbos la sílaba acentuada, y escribe la tilde si es necesario

a. ¿Hablaste ya con tu primo?

b. Nunca ceno antes de las diez.

c. Llevo a mi hijo al cole todos los días.

d. ¿Con quién hablas?

e. Hable con Carmen la semana pasada.

f. Anoche cene con unos amigos.

33 ESCUCHA **Ahora escucha y comprueba.**

OBSERVA

1. En la oficina.

Mira el dibujo y relaciona las palabras de la lista con los números de los objetos.

- ◯ **Los bolígrafos**
- ◯ **Los lápices**
- ◯ **La goma**
- ◯ **Los discos**
- ◯ **Los cajones**
- ◯ **El ordenador**
- ◯ **El portátil**
- ◯ **La pantalla**
- ◯ **El enchufe**
- ◯ **El florero**
- ◯ **La impresora**
- ◯ **El ratón**
- ◯ **La caja fuerte**
- ◯ **Los cables**

Bombilla encendida

Bombilla apagada

Despacho vacío

Despacho con gente

Puerta abierta

Puerta cerrada

Ratón limpio

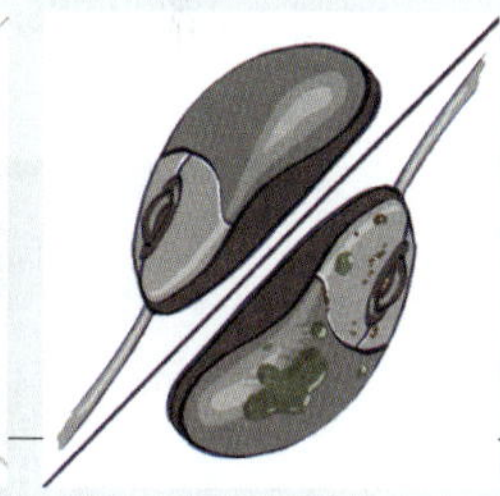

Ratón sucio

COMUNICA

2. Robo en la oficina.

Ayer entraron unos ladrones en la oficina. La periodista habla con el inspector de Policía y le hace preguntas. Mira la ilustración y responde las preguntas.

a. ¿Han roto algo los ladrones?

b. ¿Falta algo?

c. ¿Qué ha pasado con el cable del teléfono?

d. ¿Alguien fumó?

e. ¿El ordenador está encendido?

f. ¿Se llevaron algunos discos?

g. ¿Hay algo en la caja fuerte?

h. ¿Se ve dinero?

LÉXICO ▶ Conoces... Los nombres de los muebles y objetos de un despacho

ESCRIBE

3. Grande o pequeño.

Relaciona los contrarios.

a. moderno	**1.** incómodo
b. cómodo	**2.** ocupado
c. abierto	**3.** vacío
d. limpio	**4.** cerrado
e. lleno	**5.** sucio
f. nuevo	**6.** viejo
g. encendido	**7.** clásico
h. libre	**8.** apagado

INTERACTÚA

4. ¿Cómo está la oficina?

En parejas, pregunta y contesta sobre todo lo que ves en la oficina de la p. 159 utilizando los adjetivos de arriba.

Ejemplo: ¿Está libre la silla? No, está ocupada.
¿Son los muebles de la oficina modernos? No, no son muy modernos.

COMUNICA

5. En tu aula.

En grupos, pregunta y responde sobre el estado del mobiliario de tu clase.

Ejemplo: ¿Están limpias las ventanas? Bueno, regular.

ESCRIBE

6. ¿Cómo está?

Completa las frases con el adjetivo adecuado.

a. - ¿Está .... tu móvil? Te llamo y no suena.
- No, lo siento. Está ....

b. - ¿Está .... el cuarto de baño?
- No, ahora mismo está .... Espera un minuto, por favor.

c. - ¿Qué comemos hoy?
- Pues no sé, la verdad, el frigorífico está casi .... Tenemos que ir al supermercado.

d. Los muebles de casa de mis abuelos son muy ...., pero los nuestros son .... Tenemos gustos diferentes.

e. - ¿Está la ventana ....? Hace frío.
- No, está .... Es que la calefacción no funciona.

f. Da gusto entrar en su oficina. Todo está .... y ordenado. Sin embargo, la mía es un desastre. Todo está .... y desordenado.

g. El ratón de mi ordenador es muy ...., es inalámbrico.

h. La alfombra de la sala de reuniones estaba bastante .... y la cambiamos por una ....

Después del robo en la oficina, el comisario Olmedo sospecha que Marcos *El Mazas* es el ladrón, pero él dice que el fin de semana pasado estuvo de viaje.

OBSERVA 1. El sospechoso.

Lee todos los documentos que la policía encontró en los bolsillos de Marcos.

El tiempo en la Comunidad Valenciana para hoy, 23 de marzo:

seco, soleado y altas temperaturas: de 25° a 28°.

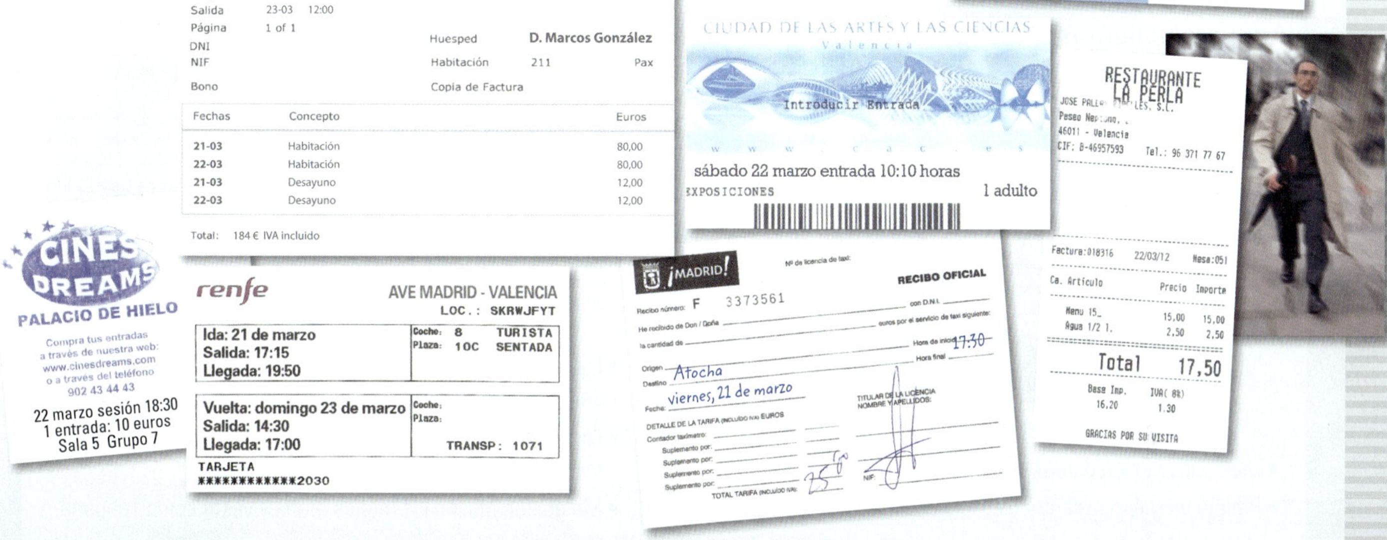

LEE ESCRIBE 2. La declaración de Marcos.

Completa los huecos con los verbos en la forma adecuada y con la información de los documentos.

Hasta el viernes estuve en Madrid en el hotel Intercontinental.
El viernes por la tarde (ir) .... en taxi a ....
En la estación (comprar) .... un ....
Mi tren (salir) .... a las ....
y (llegar) .... a Valencia a las.................... .
En Valencia (estar) .... alojado en el hotel ....
El sábado (pasar) .... toda la mañana en la .... de las ....
y las .... y (comer) .... en el restaurante ....
Por la tarde (ver) .... una película en el cine ....
El .... por la mañana (dejar) .... el hotel, (dar) ....
un paseo por la ciudad, me (hacer) .... unas .... de recuerdo, y
.... (irse) a la estación.
(Tomar) .... el tren a las .... y (llegar) .... a
.... a las ....
Desde la estación de Madrid (volver) .... directamente al hotel Intercontinental.

Firmado:

interactúa Analizas los errores

34

Escucha la conversación y, en parejas, identifica cuáles son los errores que comete. Además de las mentiras de Marcos, ¿cuál es su otro error? ¿Cómo crees que consiguió todos los documentos?

Quizá.../Creo que...

CONOCES...

La vida de dos grandes pintores

LEE **Lee el texto y contesta las preguntas.**

Velázquez, Goya, Pablo Picasso o Diego Rivera son pintores con fama internacional. Son famosos por la manera en que utilizaron sus técnicas y por aspectos muy particulares de su vida y de su personalidad.

Aquí presentamos a dos grandes artistas de habla hispana: Salvador Dalí y Frida Kahlo.

SALVADOR DALÍ (1904-1989)

- Me llamo Salvador Dalí i Domènech y nací en Figueres, Cataluña, España.

Teatro-Museo Dalí, Figueras, España

- Desde muy joven demostré habilidades de pintor.
- Reflejé mi gusto excéntrico en mis cuadros.
- Utilicé diferentes estilos artísticos hasta que encontré un estilo personal.
- En 1929 me uní al grupo de surrealistas en París.
- En 1931 pinté mi obra maestra *La persistencia de la memoria*, también conocida como *Los relojes blandos*.
- Soy considerado el pintor más importante del movimiento surrealista.

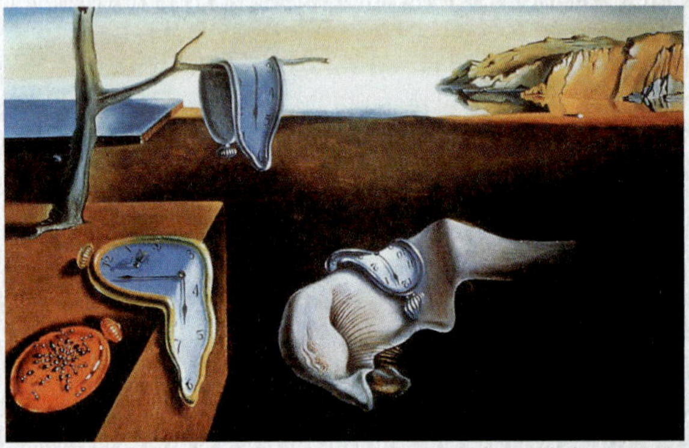

La persistencia de la memoria

En el centro de la composición puedes ver el autorretrato de Dalí con la lengua fuera.

FRIDA KAHLO (1907-1954)

- Me llamo Frida Kahlo y nací en Coyoacán, al sur de la Ciudad de México, el 6 de julio de 1907.

La Casa Azul, Museo Frida Kahlo, México

- Empecé a pintar a los 16 años, después de un grave accidente y estuve tres meses de recuperación.
- La mayoría de mis pinturas son autorretratos que reflejan mi vida.
- Me gustan mucho los monos araña y vestir como Tehuana.
- Tres años después de mi accidente conocí a Diego Rivera y me animó a seguir pintando.
- Fue el gran amor de mi vida y nos casamos un año más tarde.
- Por mi accidente nunca pude tener hijos y eso fue un gran dolor para mí. Muchas de mis pinturas lo demuestran.
- Expertos en pintura dicen que soy surrealista y otros, realista.

En 1930 la experiencia de vivir en Estados Unidos, extrañando su tierra y sintiéndose sola fue el motivo de inspiración para su pintura.

Autorretrato en la frontera entre México y Estados Unidos

Fragmento de *Pintores de España e Hispanoamérica*, Ministerio de Educación y Ciencia

1. ¿De dónde eran los dos pintores?
2. ¿Cuál es el cuadro más importante de Salvador Dalí? Explícalo.
3. ¿Qué demuestran muchos cuadros de Frida Kahlo?
4. ¿Quién de los dos pintores...
   - **a.** hace muchos autorretratos?
   - **b.** muestra un gusto excéntrico en sus cuadros?
   - **c.** se casó con otro pintor?
5. De los dos pintores di cuál prefieres y por qué.

Plaza Vieja, La Habana, Cuba

VIAJES DE ANTES

7

Competencia pragmática

Eres capaz de...

- contar costumbres del pasado
- comparar
- expresar la posesión
- hablar del tiempo meteorológico

Competencia lingüística

Puedes...

- conjugar verbos en pretérito imperfecto
- usar las estructuras comparativas y los adjetivos comparativos irregulares
- utilizar los pronombres posesivos

Competencia léxica y sociolingüística

Conoces...

- los nombres relacionados con los viajes
- los viajes de los grandes navegantes del siglo XVI en América

Interactúa

- Preguntas por los servicios de un hotel

¿RECUERDAS CUANDO ERAS PEQUEÑO?

1. EN PAREJAS. HÁBLALE A TU COMPAÑERO DE:

a. Tu trabajo.
b. Tu comida favorita.
c. Tu programa de tele preferido.
d. Lo que te gusta hacer en tu tiempo libre.

2. AHORA TU COMPAÑERO TE PREGUNTA:

a. ¿Qué querías ser cuando eras pequeño? — Quería ser...
b. ¿Cuál era tu comida favorita? — Era...
c. ¿Cuál era tu programa preferido? — Era...
d. ¿A qué te gustaba jugar? — Me gustaba...

CUENTA TU ÚLTIMO VIAJE

a. ¿Cómo viajaste (en avión, tren, autobús, coche, etc.)?
b. ¿Adónde fuiste?
c. ¿Cuánto duró el viaje?
d. ¿Qué es lo que más te gustó y lo que menos?
e. ¿Te hizo buen tiempo?

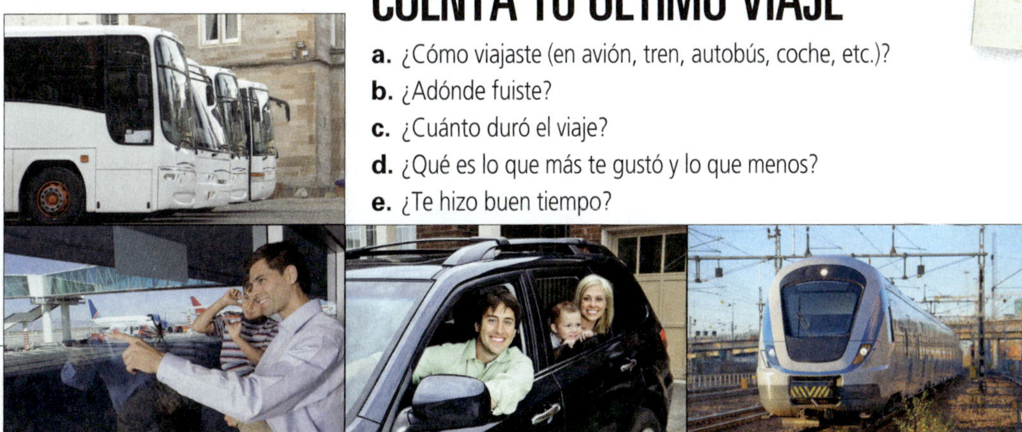

LOS VIAJES DE NUESTROS ABUELOS

LEE

1. **Lee el texto y subraya los verbos en pretérito imperfecto. Escribe cómo eran los viajes de antes y cómo son los de ahora.**

La gente viajaba menos.
Viajar era más caro.

....

....

....

....

La gente viaja más.
Viajar es más barato.

....

....

....

....

En aquella época nosotros no viajábamos tanto como la gente de ahora. Era más caro, y más difícil. Por ejemplo, las carreteras eran mucho peores que las de ahora. Los coches también eran peores. Los aviones y los trenes eran mucho más lentos. No había aviones a reacción, los aviones funcionaban con hélices.

Yo iba en tren todos los veranos a la playa. Recuerdo que el tren hacía muchas paradas, y a veces muy largas. Salíamos del tren a beber, a comer, dábamos paseos para estirar las piernas. En las ciudades no había problemas de tráfico. Muy poca gente tenía coche propio. La gente andaba mucho, o iba en metro (que tenía menos líneas que ahora), o en tranvía.

PRETÉRITO IMPERFECTO

	VERBOS REGULARES			VERBOS IRREGULARES	
	VIAJAR	HACER	SALIR	SER	IR
(Yo)	*viajaba*	*hacía*	*salía*	*era*	*iba*
(Tú)	*viajabas*	*hacías*	*salías*	*eras*	*ibas*
(Él/ella/Ud.)	*viajaba*	*hacía*	*salía*	*era*	*iba*
(Nosotros/as)	*viajábamos*	*hacíamos*	*salíamos*	*éramos*	*íbamos*
(Vosotros/as)	*viajabais*	*hacíais*	*salíais*	*erais*	*ibais*
(Ellos/as/Uds.)	*viajaban*	*hacían*	*salían*	*eran*	*iban*

COMUNICA

COSTUMBRES QUE CAMBIAN

2. **En parejas. Siguiendo el ejemplo, A hace una pregunta con el vocabulario de la lista, y B contesta que *no* e inventa la respuesta.**

Ejemplo:

A: *¿Sales con Cristina?*

B: *No, salía con ella antes. Ahora salgo con Lola.*

jugar al tenis
gustarte los videojuegos
comer carne
tener una *scooter*
ser muy amigo de Alfredo
ir al trabajo en autobús

RECUERDOS DE MI NIÑEZ

INTERACTÚA

3. **En parejas, por turnos, preguntamos y respondemos sobre cosas de nuestra niñez.**

Ejemplo:

A: *Cuando eras pequeña, ¿a qué colegio ibas?*

B: *Iba a un colegio privado enfrente de mi casa. ¿Y tú?*

A: *Yo iba a un colegio público muy pequeño, en el pueblo.*

B: *Cuando eras pequeño, ¿a qué jugabas?*

A: *Jugaba a...*

Podéis hablar de los temas siguientes o añadir otros.

jugar **ir al colegio** **pasar las vacaciones** **vivir en...** **ver programas** **tener juguetes** **gustar las Matemáticas** **visitar a...**

OBSERVA ESCRIBE

BEGOÑA Y ANDRÉS

4. Mira las ilustraciones de Andrés y Begoña y escribe cinco frases comparándolos. Puedes usar estas palabras.

alto/a · bajo/a · rubio/a · moreno/a · simpático/a · serio/a · comer más/menos · tocar la guitarra mejor/peor

COMPARACIONES DE SUPERIORIDAD E INFERIORIDAD

Para comparar una cualidad entre dos personas o cosas:

A es **más** + adjetivo + **que** B	*Begoña es más divertida que Andrés.*
B es **menos** + adjetivo + **que** A	*Andrés es menos divertido que Begoña.*

Para comparar una acción hecha por dos personas:

A + verbo + **más** + adverbio + **que** B	*Andrés corre más rápido que Begoña.*
B + verbo + **menos** + adverbio + **que** A	*Begoña corre menos rápido que Andrés.*

Para comparar cantidad o intensidad:

*Andrés duerme **más que** Begoña.*	*Begoña duerme **menos que** Andrés.*
*Begoña tiene **más** dinero **que** Andrés.*	*Andrés tiene **menos** dinero **que** Begoña.*

Comparativos irregulares:

*Andrés canta **mejor** que Begoña.*	*Begoña canta **peor** que Andrés.*
bien/bueno > mejor	*mal/malo > peor*

¡CÓMO CAMBIA LA VIDA!

COMUNICA

5. Lee lo que les ha pasado a cada una de estas personas e imagina cómo les ha cambiado la vida. Escribe una frase sobre lo que hacían y otra sobre lo que hacen ahora.

a. Ana ha encontrado un trabajo.
b. Luis ha terminado sus estudios.
c. Lola ha empezado a salir con un chico.
d. Joaquín se ha ido a vivir a Londres.
e. Mi padre se ha jubilado.
f. Mi prima Sandra se ha roto una pierna esquiando.

Ejemplo:

Gabriela ha sido madre por primera vez.

Antes podía dormir más.

Ahora tiene que levantarse por las noches cuando su hija llora.

CONVERSACIONES EN EL AEROPUERTO

35 ESCUCHA LEE

1. Escucha y relaciona las fotos con los diálogos correspondientes.

1

- ¿Me enseñan el billete y el pasaporte o el carné de identidad, por favor?
- Tome. Este billete es el mío y este, el de mi mujer.
- ¿Tienen equipaje para facturar?
- Solo una maleta.
- Muy bien. ¡Ah!, su vuelo tiene media hora de retraso por la tormenta.
- ¡Vaya!

2

- ¿Qué billetes quiere, de clase turista o primera clase?
- El más barato, por favor.
- El de clase turista entonces. Ya sabe que el asiento es menos cómodo que el de primera.
- Claro, no importa. Prefiero el billete de clase turista.

3

- Toda la familia nos vamos a Canarias, a Tenerife.
- Tenéis suerte. Hace un tiempo magnífico ahí ahora. Hace sol, no hace viento, y no hace ni frío ni calor.
- Hay que ver qué diferencia. Aquí en Madrid está lloviendo y estamos a cinco grados.

4

Camila: Ya empiezan a salir las maletas. A ver si las nuestras salen pronto.

Eduardo: La mía es la más grande de todas, es verde y tiene ruedas. ¿La ves?

Camila: No, la tuya no la veo todavía, pero la mía es esa, creo.

Eduardo: ¿Y no es esa la bolsa de Álex?

Camila: No, la suya no es tan pequeña.

PARA AYUDARTE

mi	mío/-a/-os/-as
tu	tuyo/-a/-os/-as
su	suyo/-a/-os/-as de él/ella/ellos/ellas

nuestro, vuestro no cambian: *los nuestros, las vuestras,* etc.
Esta es mi maleta. Esta maleta es mía. Esta maleta es la mía.

ESCUCHA

¿QUÉ HACEN?

35 A2 DELE

2. Escucha los cuatro minidiálogos otra vez y responde a las preguntas.

a. ¿En qué diálogo(s)

	Diálogos
... está comprando un billete?	1 2 3 4
... hablan de a quién pertenecen cosas?	1 2 3 4
... están facturando equipaje?	1 2 3 4
... dicen algo sobre el tiempo?	1 2 3 4
... hacen comparaciones?	1 2 3 4

b. ¿Qué tipo de billete prefiere el viajero? ¿Por qué?

c. ¿Dónde se va de vacaciones la familia? ¿Qué tiempo hace ahí?

d. ¿A qué se debe el retraso?

e. ¿Cuánto equipaje trae la familia que espera las maletas?

Aeropuerto de Madrid Barajas, T4.

LEE

EN LA ESTACIÓN DE AUTOBUSES

3. **Ordena el diálogo.**

- ☐ - Sí, dígame, ¿en qué puedo ayudarle?
- ☐ - Muy temprano, a las seis y media de la mañana.
- ☐ - ¿Y a qué hora llega?
- ☐ - Pues 32 euros ida y vuelta.
- ☐ - Hola, buenas tardes, ¿es la estación de autobuses del Mediterráneo?
- ☐ - Estupendo, pues quiero un billete de ida y vuelta, de ventanilla para las seis y media. ¿Cuánto es?
- ☐ - Sobre las diez, pero depende del tráfico.
- ☐ - ¿A qué hora sale el primer autobús a Valencia?

¿DÍGAME?

INTERACTÚA

4. **En parejas, representad una conversación telefónica parecida entre un viajero y la oficina de información. Podéis inventar el destino, los horarios y los precios.**

COMPARAMOS LOS MEDIOS DE TRANSPORTE

COMUNICA

5. **Piensa en diversos medios de transporte: el coche, el tren, el autobús, el avión, el barco. Habla con tus compañeros sobre qué medio es mejor. Compáralos con respecto a los criterios siguientes.**

- **El más barato**
- **El más rápido**
- **El más cómodo**
- **El más divertido**
- **El más seguro**
- **El mejor para hacer amigos**
- **El mejor para ir con mucho equipaje**
- **El mejor para ir con niños**
- **El mejor para ser independiente**

INTERACTÚA

¿DE QUIÉN ES?

6. **En una bolsa echamos objetos que pertenecen a varios alumnos, sin que los demás los vean y adivinamos de quién son.**

Ejemplo: *- Esta goma es de Luis.*
- No, no es mía, es tuya, Carlos.

7 Puedes... Conjugar verbos en pretérito imperfecto, usar las estructuras comparativas y

Evalúate

Total ____ / 61

PRETÉRITO IMPERFECTO					
	REGULARES			IRREGULARES	
	VIAJAR	HACER	SALIR	SER	IR
(Yo)	*viajaba*	*hacía*	*salía*	*era*	*iba*
(Tú)	*viajabas*	*hacías*	*salías*	*eras*	*ibas*
(Él/ella/Ud.)	*viajaba*	*hacía*	*salía*	*era*	*iba*
(Nosotros/as)	*viajábamos*	*hacíamos*	*salíamos*	*éramos*	*íbamos*
(Vosotros/as)	*viajabais*	*hacíais*	*salíais*	*erais*	*ibais*
(Ellos/as/Uds.)	*viajaban*	*hacían*	*salían*	*eran*	*iban*

Uso: se usa para describir algo o a alguien en el pasado y para hablar de acciones habituales en el pasado.
Cuando era niña, era muy tranquila y leía todos los días.

1. Completa las frases con los verbos en pretérito imperfecto.

De niña, me (encantar) .... ir de vacaciones a la playa. Mis hermanos y yo (jugar) .... con la arena y (hacer) .... castillos preciosos. Mi padre nos (ayudar) .... a hacerlos y mi madre (tomar) .... el sol o (leer) .... un libro, tranquila. Me (gustar) .... mucho bañarme. El mar (estar) .... muy caliente. Cuando (salir) .... del agua, (estar) .... cansada y me (dormir) .... en la arena.

/ 11

2. Escribe los verbos en presente o en pretérito imperfecto.

- ¿Qué (hacer) .... tu hermano, en qué (trabajar) ....?
- (Ser) .... fotógrafo para un periódico importante.
- ¿Y (viajar) .... mucho tu hermano?
- Ahora ya no porque (trabajar) .... a nivel nacional, pero antes (ir) .... por todo el mundo. (Hacer) .... los reportajes gráficos para la sección internacional del periódico.
- Cuando (ser) .... niña, no (hacer) .... tanto calor.
- Es verdad. Por ejemplo, antes (nevar) .... casi siempre en diciembre y enero. Ahora, sin embargo, casi nunca (nevar) .... Además, recuerdo que cuando yo (ser) .... pequeño, (llover) .... más a menudo, y no (hacer) .... tanto calor en verano. Todo el mundo (decir) .... que esto (ser) .... por el cambio climático.

/ 16

3. Cuenta lo que le gustaba a tu tío cuando era joven. Escribe los verbos en pretérito imperfecto.

Le gustaba mucho la música ....

....

....

....

....

....

....

....

....

Diario de los años 60

Me gusta mucho la música. Soy fan de los Beatles y Los Bravos. Toco la guitarra eléctrica y canto en un grupo. Voy mucho a Londres a comprar discos y ropa. Tengo novia. Se llama Pilar. Los fines de semana nos vamos de excursión al campo en mi moto.
Quiero comprarme un coche, pero no puedo porque no tengo dinero. Con la música no ganamos mucho dinero, pero nos divertimos mucho.

/ 12

COMPARATIVOS: SUPERIORIDAD, INFERIORIDAD E IGUALDAD

DE SUPERIORIDAD: *más... que*	
con verbos:	*Caracas me gusta más que Buenos Aires.*
con sustantivos y adjetivos:	*Buenos Aires tiene más habitantes que Caracas.*
	Buenos Aires es más grande que Caracas.
DE INFERIORIDAD: *menos... que*	
con verbos:	*Buenos Aires me gusta menos que Caracas.*
con sustantivos y adjetivos:	*Caracas tiene menos habitantes que Buenos Aires.*
	Asunción es menos turística que La Paz.
DE IGUALDAD:	
con verbos: ***tanto como***	*Bogotá me gusta tanto como Lima.*
con sustantivos: ***tanto/a/os/as... como***	*Tegucigalpa tiene tantos habitantes como San Salvador.*
con adjetivos: ***tan... como***	*Bogotá es tan grande como Lima.*

ALGUNAS FORMAS COMPARATIVAS IRREGULARES

más grande	mayor	más pequeño	menor
más bueno	mejor	más malo	peor

Mi novio tiene 25 años, yo 21. Mi novio es mayor que yo. Yo soy menor que mi novio.

4. Completa las frases comparativas.

a. Brasil es .... grande .... España y Portugal.
b. Yo tengo 23 años y mi hermana Carmen, 20. Yo soy .... ella. Por tanto, ella es .... yo.
c. Roxana pesa 60 kilos. Elvira, 55. Elvira pesa .... Roxana.
d. Arturo y yo tenemos la misma edad, 34. Arturo es tan .... yo.
e. Panamá tiene .... habitantes .... México.
f. Tu casa y la mía tienen el mismo número de habitaciones. Tu casa es .... grande .... la mía.

/ 7

PRONOMBRES POSESIVOS

		Singular			Plural		
		1.ª persona	2.ª persona	3.ª persona	1.ª persona	2.ª persona	3.ª persona
Singular	Masculino	***el mío***	***el tuyo***	***el suyo***	***el nuestro***	***el vuestro***	***el suyo***
Singular	Femenino	***la mía***	***la tuya***	***la suya***	***la nuestra***	***la vuestra***	***la suya***
Plural	Masculino	***los míos***	***los tuyos***	***los suyos***	***los nuestros***	***los vuestros***	***los suyos***
Plural	Femenino	***las mías***	***las tuyas***	***las suyas***	***las nuestras***	***las vuestras***	***las suyas***

Ejemplo: mi bolsa, la mía; mis bolsas, las mías.

5. Subraya la forma correcta.

a. Estas maletas no son *nosotras/nuestras*. Son *ellas/suyas*, de la señora del fondo.
b. - ¿De quién es el móvil que está en el suelo? - Es *mío/mi*. Se me ha caído.
c. Esta tarjeta de embarque no es la *mía/mi*. Es la *tú/tuya*, Raúl.
d. Me gustan mucho *tuyos/tus* pantalones cortos. Son muy estilosos.
e. ¿Me deja ver *su/suyo* pasaporte, por favor?
f. - ¿Ese libro es *tu/tuyo* o *mío/mi*? - Es *mi/mío*, aquí está *mi/mío* nombre.
g. - Estos son *suyos/sus* billetes electrónicos. - No, no son *nosotros/nuestros*.
h. - ¿Dónde están *vosotros/vuestras* llaves? - *Nuestras/Nosotras* llaves están aquí.

/ 15

RECURSOS ▶ Eres capaz de... Hablar del tiempo meteorológico

OBSERVA · ESCUCHA 1. ¿Qué tiempo hace hoy?

36 Mira el mapa del tiempo y escucha el parte meteorológico. Después di si las frases son verdaderas o falsas.

	V	F
a. Llueve en la costa.	☐	☐
b. En las montañas no hace calor.	☐	☐
c. En algunos valles de las montañas hay lluvia.	☐	☐
d. Solo hace viento en la capital.	☐	☐
e. En la capital no está nublado.	☐	☐

PARA AYUDARTE

HABLAR DEL TIEMPO

¿Qué tiempo hace?

Hace frío/calor/sol /viento

Está nublado/Hay nubes

Llueve/Hay lluvia

Nieva/Hay nieve

COMUNICA 2. El tiempo.

Relaciona.

a. Hace
b. Está
c. Estamos a
d. Hay

1. 24°
2. sol
3. nublado
4. viento
5. dos bajo cero
6. lloviendo
7. lluvia
8. nubes

INTERACTÚA 3. ¿Hace calor en tu ciudad?

En grupos de tres. Cada uno está en una parte de un país y escribe qué tiempo hace. Luego, con preguntas y respuestas, todos lo cuentan.

Ejemplo: - *Oye, Chris, ¿hace calor en el sur?*
- *Bueno, no mucho, estamos a 21 grados.*

	NORTE	SUR	ESTE	OESTE
temperatura		21°		
viento				
sol				
nubes				
lluvia				
nieve				

PRONUNCIACIÓN Y ORTOGRAFÍA

SONIDO /G/ DE GUSTO

ESCUCHA 1. El bingo de las palabras.

37 **Escucha, repite y tacha las palabras que vas oyendo.**

hago	carga	gris
enseguida	guapo	ganas
lingüístico	grito	pingüino

38 **SONIDO /G/ CON LAS VOCALES**

A	E	I	O	U
ga	gue	gui	go	gu

Cuando se escribe la **u** con diéresis (ü), se pronuncia la u: agüero, pingüino

ESCUCHA 2. ¿Cuál es?

39 **Escucha y señala qué palabra oyes.**

	a	b	c	d	e	f	g
1	*llego*	*higo*	*vago*	*gata*	*pago*	*garra*	*alegría*
2	*hierro*	*hijo*	*bajo*	*rata*	*Paco*	*jarra*	*alergia*

OBSERVA

1. En el aeropuerto.

Relaciona las palabras con su significado.

a. aterrizar	**1.** persona que dirige un avión
b. despegar	**2.** utilizado para no moverse en un medio de transporte
c. piloto	**3.** lo hace un avión al terminar el viaje
d. puerta de embarque	**4.** lo hace un avión al empezar un viaje
e. asiento	**5.** donde se sienta el pasajero
f. cinturón de seguridad	**6.** lugar desde donde se pasa al avión

OBSERVA

2. El equipaje.

Relaciona los distintos tipos de equipaje con las fotos.

a. la maleta
b. la mochila
c. la bolsa
d. el maletín

COMUNICA

3. El billete electrónico.

Mira el billete electrónico y contesta a las preguntas.

a. ¿Cómo se llama el viajero? ¿Cuál es su código de reserva?
b. ¿Cuándo y adónde vuela? ¿Con qué compañía aérea? ¿Cuál es su número de vuelo a la ida? ¿Y a la vuelta?
c. ¿A qué hora sale el avión? ¿Desde qué terminal?
d. ¿Cuándo regresa? ¿A qué hora sale el avión de regreso?

IBERIA .com

Introduzca el código de barras en los quioscos de auto check-in con lectores para facilitar su identificación. / Insert the barcode into the check-in machines to identify your ticket

RECIBO ITINERARIO /ITINERARY RECEIPT
BILLETE ELECTRÓNICO /ELECTRONIC TICKET
–NECESITA FACTURAR / NEED TO CHECK-IN–

Datos del Pasajero / Passenger data

Nombre del pasajero (No transferible) /*Name of passenger (Not Transferable)*
GARCIA, LAURA
Documento de identidad (a mostrar según le sea requerido) /*Identity document (to be show as required)*
Código de Reserva
Y7G55D
Booking code

Datos necesarios para el uso de los Kioscos de facturación (auto check-in) y la facturación en iberia.com (auto check-in online)
Data required for the use of the auto check-in machines (auto check-in) and check-in on iberia.com (auto check-in online)

Datos del los vuelos / Flight data

Origen/Destino *Origin/Destination*	Vuelo *Flight*	Salida *Departure*	Llegada *Arrival*	No válido *Not Valid*	Tarifa *Fare*	Franquicia *Baggage*	Estado *Status*
Desde /*From* Madrid (MAD) A /*To* Dubrovnik (DBV)	IB3860	09-Aug 10:25 Terminal 4S	09-Aug 13:10	Antes de /*Before* 09AUG Después /*After* 09AUG	Clase /*Class* S	1 Piezas /*Pieces*	Confirmado *Confirmed*
					Base Tarifa /*Fare Basis* NESHR8		
Desde /*From* Split (SPU) A /*To* Madrid (MAD)	IB8139	16-Aug 12:55	16-Aug 15:45 Terminal 4S	Antes de /*Before* 16AUG Después /*After* 16AUG	Clase /*Class* N	1 Piezas /*Pieces*	Confirmado *Confirmed*
					Base Tarifa /*Fare Basis* NESHR8		

Operado por /*Operated by* Iberia Regional Air Nostrum

LEE

4. ¿Qué haces en el aeropuerto antes de viajar en avión?

a. Ordena las secuencias.

- ☐ Pasar el control de seguridad.
- ☐ Enseñar la tarjeta de embarque y el pasaporte o documento nacional de identidad.
- ☐ Hacer la facturación en el mostrador de la línea aérea.
- ☐ Sentarse en el asiento asignado del avión y volar.

b. ¿En qué situaciones del ejercicio anterior oyes estas frases? Pon el número correcto.

- ☐ ¿Prefiere asiento de ventanilla o pasillo?
- ☐ Por favor, ¿me puede enseñar su pasaporte?
- ☐ Disculpe, mi asiento es el 10B y el suyo 10C.
- ☐ Pongan todos los objetos metálicos en las bandejas.

LEE · COMUNICA

1. Las ofertas.

Mira estas dos ofertas web de vuelos de Santiago de Chile a Madrid + hotel. En parejas haz comparaciones entre los vuelos, pensando en:

- precio (caro / barato)
- tiempo (son más / menos horas)
- escalas
- comidas (más / mejor)
- kilos de equipaje
- qué línea aérea es mejor / más conocida
- ofertas mejores
- calidad de hotel (estrellas, cerca del centro)

SANTIAGO DE CHILE MADRID — ida y vuelta **684 €**

Vuelo en Aerolíneas Austral (bajo coste) + Hotel Velázquez (5 noches): 250 € **** (en pleno centro de Madrid). Oferta: 1 día de alquiler de coche gratis en Madrid.

CONDICIONES
Escala en Nueva York (duración total de los vuelos: 16 horas).
Máximo una maleta de 22 kilos. Exceso: 5 euros cada kilo.
Desayuno y comidas no incluidas en hotel.

COMPRAR

SANTIAGO DE CHILE - MADRID — ida y vuelta **880 €**

Vuelo en Líneas Aéreas Intercontinentales (la primera línea aérea en vuelos de América a Europa).
Oferta: 40 euros de productos de venta a bordo del avión.
Hotel Auditorium (5 noches). 350 € ***** (frente al aeropuerto).

CONDICIONES
Vuelo directo sin escalas: 12 horas.
Equipaje máximo: 2 maletas de 22 kilos cada una. Exceso: 150 euros cada maleta adicional. Desayuno en hotel incluido.

COMPRAR

Plaza de Armas, Santiago de Chile

Puerta de Alcalá, Madrid

ESCUCHA 40

2. Me voy a Madrid.

a. **Marta se interesa por una de las ofertas por teléfono. ¿De cuál de las dos están hablando?**

b. **Escucha otra vez y contesta las preguntas.**

a. ¿Los precios que cita Marta son los mismos que en alguno de las páginas web? ¿Cuál?
b. ¿Le interesa la oferta? ¿Por qué (no)?
c. ¿Tiene restaurante el hotel?
d. ¿A qué hora sale y a qué hora llega el vuelo?
e. ¿Qué opina Marta del horario?
f. ¿Hace Marta una reserva de este viaje?

ESCRIBE 3. Un paseo por Madrid.

A2 DELE

Al día siguiente de llegar, Marta da una vuelta por Madrid y por la tarde escribe un correo a su familia. Completa su correo.

Mensaje nuevo

Enviar · Chat · Adjuntar · Agenda · Tipo de letra · Colores · Borrador · Navegador de fotos · Mostrar plantillas

Para: olgamarin@hotmail.cl

Cc:

Cco:

Asunto: Noticias

foto_cibeles.jpg — Firma: Firma núm. 2

Hola, todos. Ya estoy en Madrid.

El vuelo ....

El hotel está ....

Madrid es muy bonito. Esta mañana he estado en ....

.... y he visitado ....

....

.........., he comido ....

Ahora voy a cenar. Estoy ....

....

Un beso a todos,

Marta

Plaza de la Cibeles, Madrid

interactúa — Preguntas por los servicios de un hotel

A2 DELE

A: eres el recepcionista; consulta la lista de servicios del hotel y atiende al cliente.

RECEPCIONISTA

Servicios ofrecidos a nuestros clientes:

- aparcamiento privado en el sótano (gratis)
- restaurante: solo desayuno y comidas
- bar (abierto de 10:00 a 01:00)
- servicio de habitaciones: solo desayunos, bebidas y sándwiches
- Wifi en todas las habitaciones (gratis)
- intérpretes, guías (50 € la hora)
- niñeras: 30 € la hora

CLIENTE

Necesitas:

- usar Internet
- una guardería para tu hijo pequeño
- desayuno y cena en la habitación
- un sitio para aparcar tu coche
- un guía para una mañana para visitar la ciudad

Pregunta si tienes que pagar estas cosas aparte.

B: eres el cliente; haz preguntas al recepcionista.

CONOCES...

Los viajes de los grandes navegantes del siglo XVI en América

LEE **Lee el texto y contesta las preguntas.**

Las tres carabelas

Cuando Cristóbal Colón llegó a América en 1492, creyó que era Asia. Esa era su intención: llegar a Japón y China, las «Indias» navegando hacia el oeste. Probablemente murió sin saber que había llegado a un continente nuevo, las «Indias Occidentales». Por eso los europeos empezaron a llamar, equivocadamente, «indios» a los habitantes de esas tierras.

Américo Vespucio fue otro navegante al que los reyes de España y Portugal encargaron explorar las costas de «las Indias». Tras hacer varios viajes entre 1497 y 1508, Américo Vespucio, al parecer, fue el primero en afirmar que era un nuevo continente, y no parte de Asia, como algunos pensaban aún. Por eso un cartógrafo alemán empezó a llamar al nuevo continente «América».

A todo el mundo le extraña el nombre de océano «Pacífico», ya que no es precisamente el más tranquilo de los mares. En realidad el primer europeo que lo vio fue Núñez de Balboa en 1513, que le dio el nombre de «Mar del Sur».

Unos años después Magallanes lo cruzó, y tuvo tan buena suerte con el tiempo que no encontró ninguna tormenta, así que lo llamó «Pacífico».

Magallanes fue enviado por el rey de España con una flota para encontrar un camino hacia las Indias Orientales navegando hacia el oeste, el mismo plan que el viaje de Colón.

Magallanes cruzó el Pacífico y llegó a Filipinas, pero ahí murió combatiendo contra los indígenas. Su flota continuó el viaje, pero en vez de regresar por el mismo sitio, el nuevo jefe, Juan Sebastián Elcano, decidió continuar hacia el oeste. De esta forma, Elcano y su tripulación, a bordo del barco «Victoria», fueron los primeros en dar la vuelta al mundo en 1522. Cuatro años más tarde, sin embargo, volvió al Pacífico con la misma nave, y murió de malnutrición, junto con la mayoría de su tripulación. No tuvieron tanta suerte.

¿A quién se refiere cada una de estas frases?

a. Llegó a América intentando llegar a Asia.

b. Exploró las costas de América y afirmó que era un nuevo continente.

c. Llamó al *Pacífico* «Mar del Sur».

d. Murió en Filipinas.

e. Fue el primero en dar la vuelta al mundo.

Cristóbal Colón

Festival de música al aire libre

FESTIVALES DE MÚSICA

8

Competencia pragmática

Eres capaz de...

- proponer actividades
- expresar la forma en que se hacen las cosas
- expresar grados de certeza
- contar lo que hiciste

Competencia lingüística

Puedes...

- utilizar *conmigo, contigo, con él/ella*, etc.
- formar y usar los adverbios en *-mente*
- colocar *a* delante del complemento directo de persona
- usar el pretérito perfecto simple e imperfecto: contraste

Competencia léxica y sociolingüística

Conoces...

- los nombres de algunos instrumentos y géneros musicales
- la salsa: baile latino

Interactúa

- escribes un correo contando que vas a empezar a dar clases de baile

¿CON QUÉ FRECUENCIA VAS A UNA DISCOTECA A BAILAR?

a. ☐ Casi nunca
b. ☐ Ocasionalmente
c. ☐ Frecuentemente

d. ¿Vas solo/a o va alguien contigo? ¿Quién?

Conmigo va...

CUÉNTALE A TU COMPAÑERO...

Dos cosas que vas a hacer seguro el fin de semana.
Otras dos que quizá vas a hacer.

8

Lección 1

Eres capaz de...

Proponer ir a un concierto

Pal Mundo es un festival de música latina y caribeña. Cada año organiza conciertos en varias ciudades de Europa. Es el festival más importante de este género musical. Elsa propone a Sara un plan para el fin de semana.

UN GRAN FESTIVAL DE MÚSICA LATINA

ESCUCHA 41

1. Escucha y contesta las preguntas.

Elsa: Oye, Sara, ¿quieres venir conmigo al festival de música latina Pal Mundo?
Sara: ¡Buena idea! Me encanta la música latina.
Elsa: A mí también me encanta. ¡Tenemos que ir!
Sara: ¿Quién actúa?
Elsa: ¡Uf! Vienen un montón de cantantes y grupos. El festival dura dos días: el sábado 16 y el domingo 17.
Sara: ¿Dos días? Entonces es caro, ¿verdad?
Elsa: Sí, es posible. Podemos ver los precios de las entradas en la página web del festival. Generalmente hay varios precios... A ver, mira: hay entradas baratas, pero están muy lejos del escenario, naturalmente.
Sara: ¿Y si vamos un solo día?
Elsa: Bueno, podemos ir el sábado. Actúa Romeo Santos.
Sara: Ay, sí. No me quiero perder a Romeo Santos.
Elsa: ¡Claro! Yo tampoco me lo quiero perder.
Sara: Oye, ¿avisamos a Jorge? Quizá quiere venir con nosotras.
Elsa: ¿Jorge? Yo creo que a él le gusta más la música electrónica y el *rock*, ¿no?
Sara: Sí, puede ser. Bueno, podemos poner un *tuit* para decir a todos nuestros amigos que vamos al festival. Quizá hay alguien interesado.

A2 DELE

a. ¿A quién le gusta la música latina?
1. ☐ Solo a Elsa 2. ☐ Solo a Sara 3. ☐ A las dos

b. ¿Son caras las entradas para el festival?
1. ☐ Seguro que sí 2. ☐ Seguro que no 3. ☐ Probablemente son caras

c. Cuando Elsa habla de las entradas baratas, ¿qué quiere decir con *naturalmente*?
1. ☐ Es evidente que son caras. 2. ☐ Son baratas de forma natural. 3. ☐ Es lógico que estén lejos del escenario.

d. ¿Quién quiere ver a Romeo Santos?
1. ☐ Las dos 2. ☐ Sara 3. ☐ Elsa

e. ¿A Jorge le gusta más el *rock* que la música latina?
1. ☐ Seguro que sí 2. ☐ Es posible 3. ☐ Seguro que no

f. ¿Alguno de sus amigos estará interesado en ir al festival?
1. ☐ Es posible 2. ☐ Seguro que no 3. ☐ Seguro que sí

PARA AYUDARTE

***Con* + pronombres:**
Se dice *conmigo* y *contigo*, pero *con él*, *con ella*, *con nosotros*, etc.

VENTE CONMIGO

ESCRIBE

2. **Completa con *conmigo, contigo* o con *con* seguido de otros pronombres.**

a. Paula, ¿vas a ir al festival? Puedes venir .... si quieres. Voy con Jorge y Pablo.

b. - ¿Dónde tienes las entradas? ¿Las llevas ....?

- Sí, las tengo aquí .... No te preocupes.

c. Mi coche está averiado. ¿Puedo ir .... en vuestro coche?

AFORTUNADAMENTE ACTÚA ÉL

ESCRIBE

3. **Completa con el adverbio adecuado.**

seguramente • manualmente • afortunadamente • desgraciadamente • rápidamente • semanalmente

a. Se pueden comprar las entradas por Facebook. ...., mi móvil no funciona.

b. No he traído dinero, pero, ..., aceptan tarjetas de crédito.

c. No sé a qué hora actúa Marc Anthony. .... será el último, porque es el más famoso.

d. La máquina no funciona, así que tenemos que hacerlo ...., como se hacía antes.

e. La revista musical sale ...., todos los jueves.

f. Hay que entrar .... en el auditorio para tener los mejores asientos. ¡Todo el mundo corre!

PARA AYUDARTE

Adverbios acabados en *-mente*

Seguro > seguramente   Claro > claramente

¿ESTÁS SEGURO?

INTERACTÚA

4. **Pregunta a tu compañero sobre estos temas. Contesta mostrando certeza o incertidumbre. Después, habla sobre otros temas de tu elección.**

¿Hay alguien de la clase que toca algún instrumento musical?

¿Ha estado vuestro profesor/-a en España?

¿El cantante norteamericano Pitbull es de origen cubano?

PARA AYUDARTE

Expresar grados de certeza

Seguridad: Estoy seguro/a.

Estoy seguro de que actúa Marc Anthony.

Incertidumbre: Es posible./Puede ser.

- *¿Marc Anthony actúa el sábado?*
- *Sí, puede ser. (Pero no estoy segura).*

Marc Anthony

Eres capaz de... Describir cómo fue

Rafael Gil

El festival Pal Mundo estuvo fantástico. ¿Cuándo repiten?

RETWEETS 1.791 FAVORITOS 1.210

LEE

UN FESTIVAL FANTÁSTICO

1. **Lee el mensaje de Elsa y marca verdadero o falso. Busca palabras para justificar tu respuesta.**

Ayer fui con mi amiga Sara al festival Pal Mundo. Teníamos muchas ganas de ir a un festival así. Estuvo fantástico. Las orquestas sonaron fenomenal. El público no paró de bailar durante todo el concierto. ¡Oír a Alejandro Sanz en directo fue una maravilla, una pasada!
Se oía la música muy bien, incluso desde la grada, arriba. El equipo de sonido era magnífico.
Ahora hemos decidido que vamos a dar clases de bailes latinos para aprender a bailar bien.
Por cierto, en el festival vimos a Clara, nuestra amiga de la universidad. Os mando un vídeo de nosotras en el concierto. Escuchad a Clara cantando. ¿A que lo hace bien?
¿Habéis visto las fotos que os mandé?
Me he comprado dos cedés de música latina para aprenderme las canciones, porque en el concierto yo escuchaba las canciones para entender la letra, pero a veces había palabras que no entendía. 😜 😜 😜

	V	F	Justificar
a. A Elsa el concierto le gustó mucho.	☐	☐	(tres adjetivos)
b. Estaban muy cerca del escenario.	☐	☐	(parte de un teatro o estadio)
c. Clara canta algo mal.	☐	☐	(una expresión)
d. Compró unos cedés para regalarlos.	☐	☐	(dos oraciones de finalidad)
e. Elsa no entendía las letras de las canciones.	☐	☐	(una expresión de frecuencia)

Alejandro Sanz

¿VES AL CANTANTE?

OBSERVA

2. **Elige la opción correcta.**

a. - ¿En qué puedo ayudarle?
- Busco *el señor García/al señor García.*

b. ¡Cuánta gente en la fiesta! No conozco *nadie/a nadie.*

c. ¿Conoces *la música/a la música* tradicional peruana?

d. ¿La cocina? Siga usted *el camarero/al camarero.* Va hacia allí.

e. Tengo *tres hermanos/a tres hermanos.*

f. ¿Ves *el perro/al perro* que está mirando *la salchicha/a la salchicha*?

g. - No entiendo muy bien *a la letra/la letra* de la canción.
- Yo no entiendo *el cantante/al cantante.* No habla claramente.

h. Traje *Juan/a Juan* conmigo en el coche.

PARA AYUDARTE

Complemento directo
de persona: con la preposición *a:*
... vimos a Clara./Escuchad a Clara.
de cosa, sin preposición:
... se oía la música muy bien./Te mando un vídeo.

Hay excepciones: *tener amigos.*

UN DÍA EN LA VIDA DE UN MÚSICO
LEE

3. **Lee las notas del diario de un músico. Transfórmalas en un artículo utilizando tiempos del pasado.**

Ejemplo: 00:25 Tengo mucho sueño. Me acuesto…
Tenía mucho sueño. Me acosté…

09:00 Me levanto. Llueve y hace un poco de frío. ¡Y esta tarde hay concierto!
09:15 Me arreglo y desayuno. Mis amigos duermen todavía.
10:15 Voy al estudio.
10:35 Llego al estudio. Ahora hace sol. ¡Menos mal!
11:45 Termino mi ensayo y me voy, mientras los guitarristas siguen ensayando.
13:30 Voy al restaurante de la esquina, pero todas las mesas están ocupadas.
13:40 Encuentro mesa en otro restaurante pequeño. Hay mucho ruido y hace calor.
14:40 Voy a casa para descansar un poco. Me echo una siesta. Suena la música del equipo de mis amigos, pero no me molesta.
15:15 Vemos una película en la tele y luego echamos una partida de dominó.
18:45 Me visto y me preparo para el concierto. No tengo llamadas ni mensajes en el móvil.
19:40 Llego a la sala de fiestas donde vamos a tocar. Veo al organizador del concierto, pero no hay nadie en el escenario.
20:10 Preparo la batería mientras llegan los otros músicos de mi banda. Juntos hacemos las pruebas de sonido. Todo suena bastante bien. Los amplificadores nuevos son muy buenos.
22:05 Empieza el concierto. Algo no va bien. Ahora no suena bien en absoluto. ¡Qué desastre!

PARA AYUDARTE

Pretérito perfecto simple para acontecimientos
Ayer fuimos al zoológico.
Pretérito imperfecto para circunstancias o estados
Llovía bastante cuando llegamos al zoo.

UN DÍA EN LA VIDA DE OTRO
INTERACTÚA

4. **En parejas. Piensa que eres otra persona, con una nueva profesión, e imagina un día en la vida de esta persona. Cuéntale a tu compañero lo que hiciste ayer. Escúchale a él y adivina cuál es su profesión.**

A2 DELE

8 Puedes...

Formar adverbios en *-mente*, colocar *a* delante del complemento directo de

Evalúate

Total ____ / 50

ADVERBIOS ACABADOS EN *-MENTE*

Muchos adverbios se forman añadiendo *-mente* al adjetivo en femenino:
cuidadoso/cuidadosa > *cuidadosamente*
La mayoría indican el modo, cómo se hace la acción expresada por el verbo:
Leyó cuidadosamente la carta.
Pero también indican:
- La actitud, nuestra actitud hacia lo que decimos: *Afortunadamente, no hay heridos.*
- El tiempo, cuándo se desarrolla la acción: *Posteriormente, volvimos a casa.* (después)

1. Lee los ejemplos y coloca cada adverbio en su categoría según su significado.

a. - ¿Es usted el profesor de Español?
- *Efectivamente.* ¿En qué puedo ayudarle?

b. El barco llegó *felizmente* a puerto, sin sufrir ningún accidente.

c. El presidente de la República se entrevistó con la primera ministra sueca. *Posteriormente*, le ofreció una cena de gala.

d. Las guitarras estaban *completamente* desafinadas. Sonaban muy mal.

e. La pequeña pianista de ocho años subió *tranquilamente* al escenario, como una profesional.

f. Este es *posiblemente* el mejor guitarrista flamenco hoy en día. / 6

modo, cómo se hace algo	actitud u opinión del hablante	probabilidad	tiempo, cuándo ocurre algo	cantidad	afirmación, para decir que sí

2. Completa las frases con el adverbio adecuado de entre los que aparecen. ¿De qué tipo es cada uno?
afortunadamente, estupendamente, probablemente, anteriormente, ciertamente, totalmente.

a. Nos lo vamos a pasar .... en la fiesta, seguro.

b. Como ya dije ...., al principio de mi discurso, me siento muy honrado de estar aquí.

c. Estoy .... perdido. No sé dónde estamos ni cómo llegar a casa.

d. El coche se ha estropeado. ...., el mecánico me dice que puede arreglarlo enseguida.

e. ...., siempre es bueno tener amigos.

f. Ana y yo hemos roto. .... lo sabes ya, porque eres muy amiga de Ana. / 6

3. Transforma las frases para utilizar adverbios formados a partir de las palabras en cursiva.

El dueño fue muy *amable* y nos enseñó la casa. > *El dueño amablemente nos enseñó la casa.*

a. Estad *atentos* y escuchad.

b. Hay que escribir con *cuidado* para evitar errores.

c. Si vas por la calle *descuidado*, es más probable tropezar o sufrir un accidente.

d. Se gastó todo el dinero de una forma muy *tonta*: apostando a los caballos.

e. Tenemos mucho tiempo. Podemos ir andando con *tranquilidad*.

f. Hay que actuar de forma *rápida* y sin dudar.

/ 6

COMPLEMENTO DIRECTO DE PERSONA O DE COSA

Cuando el complemento directo es una persona, va precedido por la preposición *a*.
Cuando se trata de una cosa o un animal, no se usa ninguna preposición.

Ayer vi **a** *Juan*. Ayer *vi una película* en la tele.
Hay excepciones: *tener. Tengo dos hijos.*

4. Di si la parte subrayada es correcta o incorrecta. Corrige los errores, y explica si es CD (complemento directo) o CI (complemento indirecto).

a. Le he dicho a tu amiga que no tengo entradas para el concierto.
b. Me encontré a un reloj en la calle.
c. ¿Recuerdas a tu último cumpleaños? Fue estupendo.
d. ¿Has visto a Isabel recientemente?

/ 4

CON + PRONOMBRES: *CONMIGO, CONTIGO*

Se dice *conmigo* en lugar de *con mí* y *contigo* en lugar de *con ti*, pero con el resto de las personas se utiliza *con* + pronombre: *con él/ella/usted, con nosotros/nosotras, con vosotros/vosotras, con ellos/ellas/ustedes.*

5. Lee el diálogo y complétalo con la palabra correcta: *a, con, conmigo, contigo, de, para, por.*

- ¿Quieres venir .... a un festival .... música? Si vamos, seguro que Mikel y Sara quieren venir .... nosotras.
- No sé. Ya he ido .... tres festivales este verano. Además he quedado este fin .... semana .... ir .... la sierra.
- ¡Anda! Anímate, mujer. La sierra siempre está allí. Dile a tu novio que puede venir .... al festival.
- ¿Y cuánto dura el festival?
- .... viernes .... domingo. La entrada cuesta 40 euros, y .... 30 euros más tenemos suficiente .... comprar comida.
- ¿Te regalan algo .... la entrada?
- ¡Claro! .... ir al festival te regalan una gorra, ¡ja, ja!
- Desde luego, qué divertida eres. .... eso soy tu amiga.

/ 15

USO DE LOS TIEMPOS DEL PASADO

El pretérito perfecto compuesto suele utilizarse con los siguientes marcadores temporales:
Hoy Esta mañana/tarde/noche Esta semana Este mes/año Ya Todavía

El pretérito perfecto simple suele utilizarse con los siguientes marcadores temporales:
Ayer La semana pasada El mes pasado El año pasado Hace dos años

El pretérito imperfecto se usa para describir algo o a alguien en el pasado y para hablar de acciones habituales en el pasado.

6. Completa el texto con los verbos entre paréntesis en el tiempo y forma correctos.

Por fin (tener) .... las entradas para el concierto. Ayer (estar) .... en la cola más de tres horas. ¡Qué aburrimiento! (Estar) .... solo y no (poder) .... hablar con nadie. Además, cuando (faltar) .... poco para llegar a la taquilla, de repente la gente a mi alrededor (empezar) .... a decir que ya no (quedar) .... entradas. ¡Imagínate qué disgusto! Pero al final todo (salir) .... bien. Cuando me (tocar) .... el turno, (poder) .... comprar las entradas sin problemas. Ya (escribir) .... un mensaje a David y Sergio para tranquilizarlos. No sé si lo (leer) .... ya, porque no me (contestar) .... todavía. ¡Nos vemos en el concierto!

/ 13

OBSERVA LEE

1. ¿Cómo lo decimos?

a. Relaciona las expresiones con su verdadero significado.

Cuando decimos...

a. Aquí hace frío, ¿no?
b. ¿Se puede pasar?
c. Hay que tener más cuidado.
d. Con su permiso.
e. Perdón, yo...
f. Esto es café, café.
g. ¿Tomamos un café?
h. A ver, ...
i. ¿Ah, sí?
j. Pues...
k. Vamos a ver, ...
l. ¿Y qué?
m. La verdad es que...
n. ¡Qué va!
ñ. ¡Claro!
o. ¿A que es bonito?

En realidad queremos decir...

1. Quiero interrumpirte.
2. Estoy mentalmente calculando.
3. Admito algo que me sorprende o que no creía.
4. No.
5. Quiero que alguien cierre la ventana.
6. Estoy pensando qué voy a decir.
7. Pido confirmación de lo que pienso.
8. Tú no has tenido cuidado.
9. Te estoy proponiendo algo.
10. Es de verdad, no es artificial.
11. Tengo una idea y te la voy a explicar.
12. ¿Qué importa (lo que estamos discutiendo)?
13. Quiero pasar y estás en medio.
14. Yo quiero pasar.
15. Sí.
16. Me sorprende lo que me has dicho.

b. Completa los diálogos de cada una de estas fotos con una de las expresiones anteriores.

ESCRIBE

ESCRIBE

2. Ahora tú.

Utiliza la expresión correcta de la actividad 1.

a. - Tenemos poca gasolina.
- .... Ya estamos llegando.

b. - ¿A que ya no te duele la cabeza?
- .... no. ¡Es increíble! Tu remedio casero funciona de maravilla.

c. - Buenos días, ...
- ¡Adelante!

d. - Ayer fui a un concierto de Nacha Guevara.
- .... Yo creía que estaba ya retirada.

e. - ¿Te importa dejarme la tableta un momento para sacar unas entradas?
- ...., tómala. No la estaba usando.

f. - ....
- Lo siento, no tengo tiempo. Otra vez quizá.

g. - ....
- Lo siento. Estaba distraído. Lo he roto, ¿verdad?

PRONUNCIACIÓN Y ORTOGRAFÍA

RITMO Y ENTONACIÓN

ESCUCHA 42

1. Ritmo y entonación.

Escucha y memoriza este poema. Intenta imitar el ritmo y la entonación.

¿Qué es poesía? Dices mientras clavas
en mi pupila tu pupila azul.
¿Qué es poesía...? ¿Y tú me lo preguntas?
¡Poesía... eres tú!

G. A. Bécquer

ESCUCHA 43

2. Repaso de sonidos del español.

Marca con una x la palabra que oyes.

a. ☐ hago ☐ ajo
b. ☐ cerrar ☐ serrar
c. ☐ pero ☐ perro
d. ☐ piña ☐ pilla
e. ☐ llego ☐ llegó
f. ☐ hacia ☐ hacía

LÉXICO ▶ Conoces... Los nombres de instrumentos y géneros musicales

ESCRIBE

1. Instrumentos típicos.

a. Relaciona las fotos con los nombres de los instrumentos y descubre los países donde se tocan.

Puedes usar estas pistas:

- Varias personas pueden tocar la marimba a la vez.
- La guitarra puede tener seis cuerdas, aunque hay guitarras con cuatro o cinco cuerdas.
- El bandoneón es como un acordeón pequeño.
- Las maracas sirven para seguir el ritmo.
- La quena es una especie de flauta.

1. Las maracas (el Caribe)
2. La marimba (América Latina y el Caribe)
3. El bandoneón (Argentina y Uruguay)
4. La guitarra (internacional)
5. La quena (Ecuador, Bolivia y Perú)

b. ¿Cuáles son instrumentos de cuerda, de viento, o de percusión?

ESCRIBE

2. Estilos y músicos.

a. ¿De dónde son típicos estos estilos de música? Relaciona.

1. La salsa	a. República Dominicana
2. El tango	b. Cuba
3. La bachata	c. Argentina

b. Escribe el nombre debajo de cada imagen.

- El guitarrista • La pianista • El bajista
- El batería • La violinista • El trompetista

1

2

3

4

5

6

c. Completa las frases con expresiones de la lista en la forma correcta.

- bajarse/descargarse música de una web
- lista de grandes éxitos
- cedé (CD)
- álbum
- discoteca
- auditorio
- auriculares (cascos)
- un tema/una canción
- sala de fiestas

a. - ¿Qué estás escuchando?
- El último .... de Marc Anthony, *Vivir mi vida*. Es del .... «3.0». Salió en el 2013, pero todavía lo escucho. ¡Me encanta!

b. Este tema es genial. Está ya número uno en todas las ....

c. Podemos ir a una .... a bailar, a un .... a escuchar un concierto, o a una .... a ver un espectáculo, tomar una copa y bailar.

d. - ¿Te has comprado el último .... de Gente de Zona?
- Bueno, me lo he .... de Internet.

e. Oye, baja la radio, que estás molestando a la gente, o por lo menos, ponte los ....

OBSERVA

1. Apuntarse a clases de bailes latinos.

a. Escucha el anuncio de radio, lee el del periódico y el cartel, y contesta las preguntas.

44

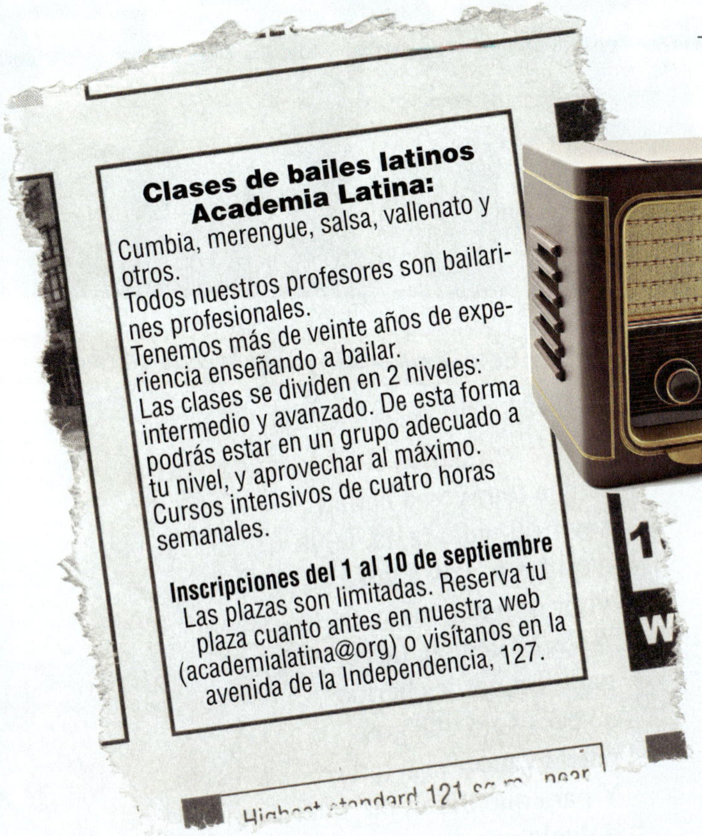

Clases de bailes latinos Academia Latina:
Cumbia, merengue, salsa, vallenato y otros.
Todos nuestros profesores son bailarines profesionales.
Tenemos más de veinte años de experiencia enseñando a bailar.
Las clases se dividen en 2 niveles: intermedio y avanzado. De esta forma podrás estar en un grupo adecuado a tu nivel, y aprovechar al máximo.
Cursos intensivos de cuatro horas semanales.
Inscripciones del 1 al 10 de septiembre
Las plazas son limitadas. Reserva tu plaza cuanto antes en nuestra web (academialatina@org) o visítanos en la avenida de la Independencia, 127.

a. ¿Cuál de los tres anuncios suena más positivo y es más atractivo?
b. ¿Cuál suena más serio e indica que las clases son de alta calidad?
c. ¿Cuál te indica que las clases son baratas, pero quizá no de mucha calidad?

b. Ahora, justifica cada respuesta con dos palabras o expresiones.

a. ¿En cuál se menciona al menos un beneficio de bailar, además de la diversión?
b. ¿Qué anuncio te ofrece algo gratuito?
c. ¿Cuál te advierte de que quizá no vas a poder inscribirte?

c. En parejas discute qué oferta prefieres y por qué.

interactúa — Escribes un correo contando tus planes

A2 DELE

Piensa en lo que vas a hacer para empezar a dar clases de baile y cuenta tus planes para practicar algún estilo de baile en un correo electrónico (clases, viajes, etc.).

CONOCES...

La salsa

LEE **Lee el texto y contesta las preguntas.**

El origen de la salsa

Salsa es el término usado desde finales de los años 60 para definir un género musical hispano, mezcla de estilos latinos y norteamericanos. Fue desarrollada por músicos de origen caribeño (cubanos y puertorriqueños sobre todo) en el Gran Caribe y la ciudad de Nueva York.

Algunos músicos sostienen que el son cubano es el fundamento básico de la salsa y de otros estilos también cubanos. De todos modos, la salsa se distingue por su ritmo alegre, los instrumentos más modernos y la influencia estadounidense.

¿Por qué se llama *salsa*? Existen varias teorías:

1. En un programa de radio venezolano que ofrecía habitualmente este tipo de música y que estaba patrocinado por una marca de salsa de tomate, el presentador introducía las canciones mencionando esa salsa.
2. En los años 70 se eligió *salsa* porque es una de las palabras con las que el público anima tradicionalmente a los músicos para tocar con más energía y alegría.
3. En una entrevista de radio en Venezuela en 1966, un locutor preguntó a Bobby Cruz (puertorriqueño) y Richie Ray (neoyorquino) cómo se llamaba el estilo de música que tocaban, que le parecía muy novedoso. Ellos bromearon, diciendo que era como el ketchup, porque daba sabor a la comida, y el locutor dijo: «Pues ya lo oyeron, amigos, la música de Richie Ray y Bobby Cruz se llama SALSA». El nombre gustó y a partir de 1968 se dio este nombre a este género musical.

a. ¿Cuál de las tres teorías te convence más? ¿Por qué?
b. ¿Dónde empezó a tocarse la salsa?
c. ¿En qué estilo musical se basa la salsa?
d. ¿Por qué dijeron Ray y Cruz que su estilo era «como el ketchup»?

Lee este extracto de un tema *salsero* y elige la opción correcta.

Vivir mi vida, de Marc Anthony

Voy a reír, voy a bailar,
vivir mi vida, la, la, la, la.
Voy a reír, voy a gozar.
vivir mi vida, la, la, la, la. [x2]
A veces llega la lluvia
para limpiar las heridas,
a veces solo una gota
puede vencer la sequía.
Y para qué llorar, pa' qué,
si duele una pena, se olvida
y para qué sufrir, pa' qué,
si así es la vida, hay que vivirla, la, la, la.

a. *Gozar* es...
1. ☐ disfrutar.
2. ☐ algo malo.
3. ☐ pasarlo mal.

b. *Vivir mi vida* significa...
1. ☐ vivir mucho tiempo.
2. ☐ hacer lo que me gusta.
3. ☐ no meterme en problemas.

c. *La sequía* es...
1. ☐ demasiada agua.
2. ☐ sed.
3. ☐ falta de agua.

d. ¿Qué palabra se ha cortado en la canción?

Busca en Internet esta canción y escúchala. ¿Te gusta?

Gramática

tus conocimientos de español

ESCRIBE ELIGE LA OPCIÓN CORRECTA Y EVALÚATE

1. **- Señor, ¿cómo le quedan las botas?**
- Muy bien, son muy cómodas. Me ..... llevo.
a. la b. los c. las

2. **Me encanta esta falda de algodón, ¿me ..... pruebo?**
a. la b. lo c. los

3. **- ¿Miras tu correo electrónico todos los días?**
- Sí, ... miro varias veces al día.
a. lo b. los c. las

4. **Esos pantalones vaqueros le ..... muy estrechos a Francisco.**
a. queda b. quedas c. quedan

5. **- ¿Qué te ..... esta corbata?**
- Bonita, pero bastante cara.
a. parece b. parecen c. pareces

6. **- Doña Pilar, trabaja demasiado. ..... que relajarse y descansar más.**
- Ya lo sé, doctora.
a. Tiene b. Tienes c. Tienen

7. **- Chicos y chicas, ... que limpiar la piscina esta tarde.**
- Vale, de acuerdo, está bien.
a. tiene b. tenéis c. tienen

8. **- Te veo muy concentrado. ¿Estás .....?**
- No, estoy ..... las noticias en el ordenador.
a. leyendo-estudiando b. estudiando-leyendo c. yendo-leyendo

9. **Todos los sábados mis compañeros ..... al fútbol.**
a. están jugando b. juega c. juegan

10. **- Beatriz, ¿..... Paraguay?**
- No, no ..... ningún país de Sudamérica.
a. conozco-conoces b. conoces-conoce c. conoces-conozco

11. **- ¿Qué ..... a hacer tú en Nochevieja?**
- Yo ..... a ir a una discoteca.
a. va-voy b. vas-va c. vas-voy

12. **- ¿..... te vas, abuela?**
- ..... me está esperando tu abuelo.
a. Porque-Por qué b. Por qué-Porque c. Por qué-Por qué

13. **- ¡Qué tarta de manzana tan rica!**
- ¿Quieres .....?
a. probarla b. probarlo c. probarte

14. **- ¡Tengo un ordenador portátil nuevo!**
- ¿..... ver?
a. La puedo b. Lo puedo c. Puedo

15. **- ¿Has visto ya la última película de Javier Bardem?**
- No, tengo que ..... .
a. ver b. la ver c. verla

16. **Mi jefa es adicta al café. ..... se toma 3 tazas de café por la mañana.**
a. Pocas veces b. Siempre c. Casi nunca

17. **Cuando Arturo anda mucho, ... los pies.**
a. le duelen b. le duele c. duele

18. **Para estar sano ..... hacer ejercicio y llevar una dieta equilibrada.**
a. no debes b. no puedes c. hay que

19. **- ¿..... usted ayudarme? No sé cómo salir de aquí.**
- Por supuesto.
a. Hay que b. Debe c. Puede

20. **- ¿Qué tal estás?**
- Fatal, ... malo y ..... fiebre.
a. soy-tengo b. estoy-tengo c. soy-soy

TEST DE REPASO

Total ____ / 40

21. - Niños, ¿habéis ..... las redacciones para el colegio?
- Todavía no porque hemos ..... al parque un rato.
a. escrito-ir b. escrito-ido c. escribir-ido

22. Estoy muy cansada. He ..... del trabajo muy tarde y he ..... la cena para toda mi familia.
a. vuelto-hacer b. volver-hecho c. vuelto-hecho

23. - ¿Has montado a caballo .....?
- No, ...
a. una vez-nunca b. varias veces-todavía c. alguna vez-nunca

24. - ¿Sabe ..... lo del accidente?
- No, no lo sabe ..... .
a. algún-nadie b. alguien-nada c. alguien-nadie

25. - ¿Tienes en casa ..... medicamento para la alergia?
- No, creo que no tengo ..... .
a. algún-ninguno b. alguno-ningún c. algunos-ninguno

26. - ¿Qué ..... ayer tus amigos?
- Nada, ... en la universidad todo el día.
a. hicimos-estuvimos b. hicieron-estuvieron c. hicisteis-estuvisteis

27. La semana pasada ..... una película estupenda en la tele, pero esta semana no ..... nada bueno.
a. vi-he visto b. he visto-vi c. vi-vi

28. - ¿Me mandas las fotos por Internet?
- Sí, ... mando hoy mismo.
a. me-las b. te-las c. te-la

29. - ¿A quién has contado este chiste?
- Solo .... he contado a ti y a papá.
a. os-lo b. os-la c. os-le

30. - ¿Dónde has comprado esa chaqueta tan elegante?
- .... compré en unos grandes almacenes.
a. Te-lo b. Me-la c. Te-la

31. De joven recuerdo que ..... muy aventurero y me ..... al extranjero haciendo autostop.
a. ser-ir b. era-iba c. soy-voy

32. En 2013 yo ..... en Ecuador y mi familia y yo ..... mucho por el país.
a. vivía-viajábamos b. vivo-viajamos c. estoy viviendo-estamos viajando

33. - ¿Quién es el ..... de vuestra clase, el alumno de más edad?
- No sé, pero creo que el ..... es Felipe, solo tiene 16.
a. mayor-menor b. menor-mayor c. más pequeño-menor

34. Mi novio tiene ..... amigos en Facebook ..... yo.
a. tanto-como b. tan-como c. tantos-como

35. - Natalia, Federico, ¿son estos libros .....?
- No, los ..... son esos de ahí, los de lectura.
a. vuestros-vuestros b. nuestros-vuestros c. vuestros-nuestros

36. - Julia, ¿puedo ir ..... al evento musical?
- Lo siento, no puedes venir ..... porque no hay sitio en el coche.
a. conmigo-contigo b. contigo-conmigo c. contigo-contigo

37. Los asientos no son numerados, hay que entrar ..... en la sala para tener un buen sitio.
a. claramente b. afortunadamente c. rápidamente

38. Ayer vi ..... en clase de salsa.
a. Paula b. a Paula c. la Paula

39. Durante la actuación de Maná al aire libre se oyó ..... muy bien.
a. la música b. música c. a la música

40. Cuando empezó a tocar la banda, ... mucho.
a. llovió b. llueve c. llovía

Gramática

Repasa y practica

Repasa tus conocimientos de español

COMUNICA

1. Relaciona pregunta y respuesta.

a. ¿Qué tipo de ropa llevas normalmente?
b. ¿Te apetece salir a cenar fuera esta noche?
c. ¿Qué estás haciendo en este momento?
d. ¿Cuándo es tu cumpleaños?
e. ¿Qué música te gusta?
f. ¿Qué vas a hacer las próximas vacaciones?
g. ¿Vas al médico si te duele la cabeza?
h. ¿Sabes bailar salsa?
i. ¿Vas a festivales de música?
j. ¿Sabes tocar algún instrumento musical?

1. En primavera, el 7 de mayo.
2. Estoy preparando la comida, tenemos invitados.
3. Vamos a ir al Caribe, a Cancún, creo.
4. *El jazz* y la música latina.
5. Informal, deportiva y cómoda.
6. No puedo, tengo que estudiar.
7. No, me tomo un calmante y ya está.
8. Bueno, un poco la guitarra.
9. Sí, cuando tengo dinero.
10. No, pero quiero aprender.

COMUNICA

2. En parejas. Habla con tus compañeros y hazles estas preguntas.

ESCRIBE

3. Completa el diálogo.

Dependienta: ¿Cómo le quedan los pantalones, señora?
Clienta: No ....
Dependienta: Sí, tiene razón, ahora mismo le traigo una talla más pequeña.
Clienta: .... ¿....................................?
Dependienta: De algodón 100 % no nos queda nada.
Clienta: No importa, ...
Dependienta: ¿Desea alguna cosa más?
Clienta: Sí, ...
Dependienta: ¿De qué color la quiere?
Clienta: ....
Dependienta: La azul me parece más elegante y le queda mejor.
Clienta: ....
Dependienta: 100 euros, pero las dos cosas tienen un 10 % de descuento.
Clienta: ....
Dependienta: Sí, aceptamos Visa y Mastercard.

COMUNICA

4. Ordena el diálogo.

En la consulta del médico.

☐ Buenas tardes, dígame, ¿qué le pasa?
☐ ¡Vaya! ¿Tiene otros síntomas aparte del dolor de estómago?
☐ Sí, demasiadas. Creo que debo tener también un poco de estrés.
☐ ¿Sigue una dieta sana y equilibrada?
☐ No sé, es que con las prisas como mucha comida rápida. ¿Qué debo hacer, doctor?
☐ ¿Trabaja muchas horas?

[ ] Lo primero que tiene que hacer es cuidar su alimentación, es decir, llevar una dieta sana. ¿Hace algún tipo de ejercicio físico?
[ ] Buenas tardes, doctor. Pues no sé, me encuentro mal. Me duele mucho el estómago.
[ ] No, ninguno. Pero he pensado que voy a ir al gimnasio y voy a comer mejor y más saludable.
[ ] Sí, bueno, me siento cansado a veces.
[ ] Estupendo. Quiero volver a verlo dentro de tres semanas para ver si ha mejorado y le duele menos el estómago.

COMUNICA

5. En parejas, representa un diálogo parecido.

ESCRIBE

6. Separa las dos conversaciones telefónicas y ordénalas.

Formal		Informal
[ ]	Gas Natural, dígame.	[ ]
[ ]	Soy Mateo, un compañero de clase de yoga.	[ ]
[ ]	No, gracias, llamaré más tarde. No se preocupe.	[ ]
[ ]	Soy un cliente. Me llamo Pablo Miravent.	[ ]
[ ]	¿Puedo hablar con la directora, la señora del Valle, por favor?	[ ]
[ ]	No está en casa ahora mismo.	[ ]
[ ]	Sí, claro. ¿Quién eres?	[ ]
[ ]	¿Está Alfonso?	[ ]
[ ]	Pues ahora mismo está ocupada. Está en una reunión. ¿Quiere dejar un recado?	[ ]
[ ]	¿De parte de quién, por favor?	[ ]
[ ]	¿Diga?	[ ]
[ ]	¿Puedo dejarle un mensaje?	[ ]

ESCRIBE

7. Completa los meses que faltan.

Enero, ..., marzo, ..., ..., junio,
.........., ..., ..., ..., ..., diciembre.
¿Cuál es tu mes preferido y tu estación preferida? Explica por qué.

ESCRIBE

8. ¿Cuánto sabes?

- Nombra prendas de vestir y calzado. Por ejemplo: una camisa, etc.
- Di el mayor número que puedas de verbos de acción en gerundio. Por ejemplo: bailando, etc.
- ¿Cuántas formas conoces de contestar el teléfono? Por ejemplo: Escuela Oficial de Idiomas, dígame, etc.
- ¿Cuántas formas conoces de decir con quién quieres hablar? Por ejemplo: ¿Puede ponerse Almudena?, etc.
- ¿Qué sitios de interés visitas cuando haces turismo urbano? Por ejemplo: museos, etc.
- ¿Adónde vas cuando haces turismo de sol y playa? Por ejemplo: cafeterías, etc.
- Nombra todas las partes del cuerpo que recuerdes: Por ejemplo: los pies, etc.
- ¿Cuántos medios de comunicación conoces? Por ejemplo: la radio, etc.
- Nombra muebles y objetos de un despacho. Por ejemplo: la impresora, etc.
- Di cosas que normalmente ves en el aeropuerto. Por ejemplo: la maleta, etc.

ESCRIBE

9. Marca el intruso y explica por qué.

a. la falda, el vestido, la corbata, la blusa
b. marzo, primavera, otoño, invierno
c. cantando, riendo, durmiendo, bailando
d. el zoo, el museo, el planetario, el parque acuático
e. el cuello, la espalda, las orejas, la nariz
f. la presentadora, el canal, la arroba, el programa
g. la mochila, la bolsa, la maleta, el maletín
h. el viento, la lluvia, el sol, el frío
i. la flauta, el acordeón, la guitarra, el tango

ESCRIBE

10. Completa las frases con el pronombre de objeto directo *lo, los, la, las.*

a. ¡Qué chaqueta tan elegante! Creo que me .... voy a comprar.
b. - Dos bocadillos de jamón serrano.
   - ¿Cómo .... quieren, con tomate o sin tomate?
c. - Esas camisas de ahí están rebajadas.
   - Pues me .... voy a probar. Son muy bonitas.
d. - ¿Conoces a tus nuevos vecinos?
   - No, no .... conozco.
e. - ¿Se lleva usted las dos prendas?
   - Sí, claro que me .... llevo. Me encantan.
f. - ¿Haces la compra del supermercado por Internet?
   - No siempre, pero a veces, si estoy muy ocupado, sí .... hago.
g. - ¡Qué accesorios tan originales llevas siempre!
   - Gracias. Me .... compro en Zara.
h. He visto en las rebajas unos zapatos preciosos. Me .... voy a comprar por mi cumpleaños.

ESCRIBE

11. Une las frases con el relativo *que.*

a. Todas las faldas me quedan bien. Las faldas son caras.
....
b. Me gustan los libros. Los libros son de aventuras.
....
c. Alejandro compra mucha ropa. La ropa es toda negra.
....
d. Mi amigo quiere comprar esta camiseta. Esta camiseta es lisa.
....
e. Mi padre va a comprar un coche coreano. Este coche es barato.
....
f. Les gustan los centros comerciales. Los centros tienen cafetería.
....
g. El vestido es de fiesta. Eva quiere comprarlo.
....
h. Emilio lleva ropa. La ropa es siempre informal.
....

ESCRIBE

12. Completa las frases con los verbos en presente o con *estar* + gerundio.

a. - ¿(Jugar) .... al golf todas las semanas?
- No, qué va, solo de vez en cuando, pero últimamente (jugar) .... mucho porque en el hotel donde (pasar) .... las vacaciones hay dos campos, uno de 9 hoyos y otro de 18.

b. - ¿Sigues con tus clases de baile?
- Sí, (aprender) .... a bailar salsa y me lo (pasar) .... muy bien.
- ¿Cuántas veces (ir) .... a clase a la semana normalmente?
- Ahora (ir) .... casi todos los días porque nosotros, los nuevos, (preparar) .... un festival de iniciación a los ritmos latinos.

c. - No sé qué leer. Todos los libros me (aburrir) .... ¿Tú (leer) .... algo interesante?
- Sí, (empezar) .... a leer una novela de humor y me (reír) .... muchísimo. Te la recomiendo.

d. - Teresa, te veo cansada. ¿Cuántas horas (dormir) .... habitualmente?
- Siete u ocho aunque estos días (dormir) .... poco y mal. Tengo muchas preocupaciones.
- Pues tienes que intentar dormir ocho horas y relajarte.

e. -¿(Ir) .... al teatro a menudo?
- No, la verdad, pero la semana que viene vamos a ir a un musical que (tener) .... mucho éxito con canciones de los 90.

ESCRIBE

13. Completa las frases con el pronombre adecuado: *me, te, lo, la, nos, os, los, las.*

a. - Chicos, tomad un trozo de *pizza*, ... invito.
- De ninguna manera, quiero invitar......... yo.

b. - Me he comprado un videojuego nuevo. ¿Quieres ver.........?
- Ahora tengo que estudiar. ¿Puedes enseñárme......... más tarde?

c. - ¿Qué vas a hacer hoy, Stefan?
- Nada, voy a quedar......... en casa.
- ¿Has acabado de leer la novela de clase de español?
- No, tengo que terminar......... hoy porque se la voy a dejar a Kristie. ¿Y tú, qué vas a hacer?
- Me voy a quedar en casa también, tengo muchos deberes y tengo que terminar......... .

d. - ¿Están ya hechas las tostadas? Queremos tomar......... con mantequilla.
- Un momento, estoy haciéndo......

e. - Tengo un poco de sed, mamá.
- Hijo, si quieres, ... pongo un vaso de agua, estoy en la cocina.
- No, no .... molestes.

ESCRIBE

14. Completa las frases con el verbo *doler.*

a. A los esquiadores .... las rodillas a menudo.

b. Los presentadores de televisión tienen que hablar mucho y forzar la voz, por eso a veces .... la garganta.

c. - ¿Qué te pasa, Matías? ¿....................... algo?
- Sí, es que .... el estómago. He comido demasiado.

d. A Carmen .... los pies. Ha estado todo el día andando con zapatos nuevos.

e. No sé qué nos pasa a toda mi familia. Creo que tenemos un virus. .... mucho la cabeza.

f. A mí nunca .... las muelas. Tengo mucha suerte. Dicen que es uno de los peores dolores que existen.

ESCRIBE

15. Relaciona las columnas y pon los verbos en imperativo o en presente.

a. Me duele el hombro.
b. Estoy nerviosa.
c. Tengo un dolor de cabeza horrible.
d. Me duelen los pies.
e. Tengo los ojos rojos.
f. Me molesta el estómago.

1. (Hacer, tú) .... dieta durante unos días.
2. ¿Por qué no (cambiarse, tú) .... de zapatos?
3. (Tener, tú) .... los ojos cerrados un rato.
4. (Irse, tú) .... a la cama pronto y no lo muevas.
5. ¿Por qué no (tomarse, tú) .... una infusión?
6. (Intentar, tú) .... dormir un rato y se te pasará.

ESCRIBE

16. Completa con pronombres y adjetivos indefinidos: *algo, nada, alguien, nadie, algún, alguno/a/os/as, ningún, ninguno/a.*

a. - ¿Hay .... de picar en casa, unas patatas o unas aceitunas?
- No, no hay ...., pero si quieres me acerco al súper.

b. - ¿Tienes .... novela para prestarme?
- Sí, tengo .... novelas que te pueden gustar.

c. - Por favor, ¿................ sabe a qué hora sale el próximo tren?
- No, lo sentimos, ... de nosotros es de aquí.

d. A mí................ día me gustaría viajar a Centroamérica y vivir allí un tiempo.

e. No tenemos .... compañera de trabajo en ese departamento.

f. En mi clase .... sabe hablar bien portugués, excepto la profesora, claro, ja, ja, ja.

Playa de Centroamérica

ESCRIBE

17. Escribe los verbos en pretérito perfecto simple.

Ayer 16 de julio (ser) .... mi santo, el día de la Virgen del Carmen. Mi madre (preparar) .... mucha comida porque (organizar) .... yo una fiesta en casa con mi familia y mi madre, que también se llama Carmen. (Comer) .... tarta de merengue y bizcocho y (beber) .... limonada y té frío. (Venir) .... mis tíos y mis primos de Barcelona y lo (pasar) .... todos muy bien. Mi tío Luis (tocar) .... la guitarra y mi tía Susana (cantar) .... canciones populares catalanas. Después, todos me (ayudar) .... a recoger los platos, los vasos y la comida sobrante. Como la fiesta (acabar) .... muy tarde, mis tíos (quedarse) .... a dormir en casa.

ESCRIBE

18. Completa las respuestas con los pronombres adecuados.

a. - ¿A quién le diste tu cartera, a Irene?
- No, ... di a Natalia.

b. - ¿Dónde has comprado esas raquetas de tenis?
- .... regaló mi jefe.

c. - Chicos, no podemos ir al concierto de *rock*.
- ¡Pero tú .... prometiste!

d. - ¿Qué hiciste con tu coche viejo?
- .... vendí a un amigo.

e. - ¿A quién le has contado lo de tu divorcio?
- Solo .... he contado a vosotros.

f. - No me has dado tu número.
- Sí, ... di ayer.

ESCRIBE

19. Escribe los verbos en pretérito imperfecto.

De pequeña, mis padres, mis hermanos y yo (vivir) .... en Sevilla. Guardo muy buenos recuerdos de esa ciudad andaluza. Recuerdo que mis hermanos y yo (ir) .... al colegio a pie. Nos (gustar) .... pasear por la ciudad. Los demás niños (tomar) .... el autobús, pero a nosotros nos (encantar) .... caminar. De camino al cole, nos (comprar) .... unos bocadillos de jamón serrano para el recreo. Siempre (llegar) .... puntuales. Sin embargo, nuestros compañeros a veces (tardar) .... en llegar por el tráfico. Nosotros no (tener) .... ese problema, por eso la profesora (estar) .... muy contenta con nosotros. (Tener) .... cinco horas de clase y al mediodía (regresar) .... a casa a comer. Mi madre no (trabajar) .... en esa época y (cocinar) .... platos deliciosos para nosotros. Nos (gustar) .... muchísimo el gazpacho y el salmorejo.

Por la tarde, (hacer) .... los deberes y tres días a la semana (ir) .... a actividades extraescolares. Mi preferida (ser) .... baile flamenco.

En fin, que por todos estos motivos tengo unos recuerdos inolvidables del tiempo en que viví en Sevilla.

ESCRIBE

20. Escribe los tiempos verbales correctos en este correo electrónico.

Para:
CC:
Asunto:
Datos adjuntos: *ninguno*

Hola a tod@s:

¡Os escribo por fin desde Chile! Anoche (llegar) .... a Santiago, la capital del país, muy tarde, alrededor de las once y media de la noche, por eso (tomar) .... un taxi al hotel. (Llover) .... mucho a esa hora y (hacer) .... bastante frío. La verdad es que (estar) .... muy cansada y me (ir) .... directamente a la cama sin cenar apenas y sin ver nada de la ciudad.

Esta mañana me (levantar) .... muy temprano, me (duchar) .... y (desayunar) .... tranquilamente en el hotel. No os lo vais a creer, mientras (acabar) .... de desayunar, (entrar) .... en la cafetería unos turistas paraguayos, de Asunción, que (conocer) .... de vista de la universidad. (Estar) .... hablando con ellos una hora, por lo menos. También ellos van a (ir) .... a San Pedro de Atacama como yo. Todos (ir) .... al Valle de la Luna y al de la Muerte. Unos amigos suyos les (decir) .... a ellos que el géiser del Tatio y la piscina geotermal son impresionantes. Como sabéis, San Pedro (ser) .... el desierto más árido de la tierra. (Estar) .... situado entre el océano Pacífico y la cordillera de los Andes.

Bueno, pues eso es todo por ahora. El tiempo (ser) .... soleado y fresco ayer, pero ahora mismo (llover) .... ¡Qué rollo! En fin, la vida de turista es muy dura.

(Escribir) ....me pronto y (decir) ....me qué (hacer) .... estos días sin mí, ja, ja, ja.

Besos,
Rosana

ESCRIBE

21. Escribe un correo parecido hablando de algún viaje.

Verbos en presente

MARCADORES DE FRECUENCIA

ACCIÓN MUY FRECUENTE **Siempre / Todos los días / Muchas veces / A menudo / Una vez al día** *Todos los días toma café por la mañana.*

ACCIÓN QUE SE REALIZA CON FRECUENCIA **Una vez a la semana / Dos veces por semana** *Juega al tenis una vez a la semana.*

ACCIÓN POCO O NADA FRECUENTE **A veces / Pocas veces / (Casi) Nunca** *Nunca llega tarde a la oficina.*

U4, p. 48

VERBOS *QUEDAR, PARECER, GUSTAR*

El verbo ***quedar*** se conjuga como el verbo ***gustar*** (con los pronombres *me, te, le, nos, os, les*): se utiliza para expresar opinión. Va acompañado de un adverbio: *bien, mal, regular*, etc.

- *¿Cómo me quedan estos vaqueros?*
- *Te quedan muy bien.*

El verbo ***parecer*** se conjuga como el verbo ***gustar*** (con los pronombres *me, te, le, nos, os, les*) cuando se utiliza para expresar opinión.

Me parece + adjetivo
- *¿Qué te parece mi vestido nuevo?*
- *Me parece precioso.*

U1, p. 13

PRESENTE DE INDICATIVO DE VERBOS IRREGULARES

	JUGAR U>UE	OÍR	CONOCER C>ZC
(Yo)	*j**ue**go*	*oi**g**o*	*cono**zc**o*
(Tú)	*j**ue**gas*	*o**y**es*	*conoces*
(Él/ella/Ud.)	*j**ue**ga*	*o**y**e*	*conoce*
(Nosotros/as)	*jugamos*	*oímos*	*conocemos*
(Vosotros/as)	*jugáis*	*oís*	*conocéis*
(Ellos/as/Uds.)	*j**ue**gan*	*o**y**en*	*conocen*

El verbo *oír* tiene varias irregularidades.

Otros verbos con las mismas irregularidades que *conocer: conducir* (c>zc).

U2, p. 25

VERBO *DOLER*

(A mí)	*me*	
(A ti)	*te*	
(A él/ella/Ud.)	*le*	*dule**e** la garganta*
(A nosotros/as)	*nos*	*duel**en** los oídos*
(A vosotros/as)	*os*	
(A ellos/as/Uds.)	*les*	

El verbo *doler* se conjuga como el verbo *gustar*.

U4, p. 48

Perífrasis verbales

ESTAR + GERUNDIO

(Yo)	*estoy*
(Tú)	*estás*
(Él/ella/ Ud.)	*está*
(Nosotros/as)	*estamos* + gerundio
(Vosotros/as)	*estáis*
(Ellos/as/Uds.)	*están*

GERUNDIOS REGULARES

-AR	-ER/-IR
-ando	*-iendo*
trabajando	*aprendiendo*
	escribiendo

ALGUNOS GERUNDIOS IRREGULARES

leer	*leyendo*
dormir	*durmiendo*
ir	*yendo*
venir	*viniendo*
reír	*riendo*

Se usa para hablar de acciones que se realizan ahora mismo o con frecuencia en la actualidad.
Estoy leyendo un buen libro. Ahora, en verano, estoy comiendo menos.

U2, p. 24

El **presente simple** se utiliza con expresiones de tiempo como *siempre, en general, todos los días*.

Estar **+ gerundio** se utiliza con expresiones de tiempo como *ahora (mismo), hoy, en este momento*.

U2, p. 25

IR + *A* + INFINITIVO			
(Yo)	*voy*		
(Tú)	*vas*		
(Él/ella/Ud.)	*va*	+ *a* + infinitivo	*Voy a trabajar en una biblioteca la semana próxima.*
(Nosotros/as)	*vamos*		
(Vosotros/as)	*vais*		
(Ellos/as/Uds.)	*van*		

Se utiliza para expresar intenciones, hacer planes.

U3, p. 36

Ir a + infinitivo se utiliza con los siguientes marcadores temporales:

PRESENTE	FUTURO
Ahora Esta semana Este mes	Enseguida, dentro de poco Esta tarde, esta noche, luego, mañana La semana que viene, la semana próxima, dentro de una semana El mes que viene, el mes próximo, etc.

U3, p. 36

HAY QUE Y *TENER QUE* + INFINITIVO	
EXPRESAR LA OBLIGACIÓN	
De forma impersonal	***Hay*** + ***que*** + infinitivo *Para estar en forma, hay que hacer ejercicio.*
De forma personal	***Tener*** + ***que*** + infinitivo *Si quieres estar en forma, tienes que hacer ejercicio.*

U4, p. 49

PEDIR Y DAR PERMISO O PROHIBIR

Se puede + infinitivo
– *¿Se puede pasar?*
– *Sí, claro (que se puede).*

No se puede + infinitivo
No se puede pasar.

DAR UN CONSEJO

Deber + infinitivo
Debes dormir más, seis horas es poco.

TENER + *QUE* + INFINITIVO		
(Yo)	*tengo*	
(Tú)	*tienes*	
(Él/ella/Ud.)	*tiene*	Se usa para expresar una **obligación personal**.
(Nosotros/as)	*tenemos* + *que* + infinitivo	
(Vosotros/as)	*tenéis*	*Todos los días tengo que ir a trabajar*
(Ellos/as/Uds.)	*tienen*	

U2, p. 24

Verbos en imperativo

EL IMPERATIVO AFIRMATIVO

	LOS VERBOS REGULARES			ALGUNOS IRREGULARES		
	HABLAR	BEBER	ABRIR	PONER	VENIR	HACER
(Tú)	*habl**a***	*beb**e***	*abr**e***	*pon*	*ven*	*haz*
(Usted)	*habl**e***	*beb**a***	*abr**a***	*ponga*	*venga*	*haga*
(Vosotros/as)	*habl**ad***	*beb**ed***	*abr**id***	*poned*	*venid*	*haced*
(Ustedes)	*habl**en***	*beb**an***	*abr**an***	*pongan*	*vengan*	*hagan*

Con *vosotros* la forma verbal es igual que el infinitivo, solo cambia la *r* por una *d*.
*Habl**ar*** *habl**ad***

p. 3 y 5

Verbos en pasado

PRETÉRITO PERFECTO COMPUESTO DE LOS VERBOS REGULARES

		COMPRAR	COMER	VIVIR
(Yo)	**he**	comprado	comido	vivido
(Tú)	**has**	comprado	comido	vivido
(Él/ella/ Ud.)	**ha**	comprado	comido	vivido
(Nosotros/as)	**hemos**	comprado	comido	vivido
(Vosotros/as)	**habéis**	comprado	comido	vivido
(Ellos/as/Uds.)	**han**	comprado	comido	vivido

Uso: expresa un acontecimiento pasado dentro de una unidad de tiempo no terminado.
Esta mañana he tomado un buen desayuno.

U5, p. 60

MARCADORES TEMPORALES

Hoy
Esta mañana
Esta tarde
Esta noche
Esta semana
Este mes
Este año

he hecho la compra.
hemos estado de vacaciones.

- *¿Has estado alguna vez en el Caribe?*
- *No, no he estado nunca.*
- *¿Has contestado los correos electrónicos?*
- *Sí, los he contestado esta mañana.*

U5, p. 61

MARCADORES TEMPORALES

El pretérito perfecto simple suele utilizarse con los siguientes marcadores temporales:

Ayer
La semana pasada
El mes pasado
El año pasado
Hace dos años

estuve en Buenos Aires.

U6, p. 72

PRETÉRITO PERFECTO SIMPLE DE LOS VERBOS REGULARES

	LLAMAR	DEBER	RECIBIR
(Yo)	llamé	debí	recibí
(Tú)	llamaste	debiste	recibiste
(Él/ella/Ud.)	llamó	debió	recibió
(Nosotros/as)	llamamos	debimos	recibimos
(Vosotros/as)	llamasteis	debisteis	recibisteis
(Ellos/as/Uds.)	llamaron	debieron	recibieron

PRETÉRITO PERFECTO SIMPLE DE ALGUNOS VERBOS IRREGULARES

	ESTAR	IR / SER	VER	TENER	HACER	DAR
(Yo)	estuve	fui	vi	tuve	hice	di
(Tú)	estuviste	fuiste	viste	tuviste	hiciste	diste
(Él/ella/Ud.)	estuvo	fue	vio	tuvo	hizo	dio
(Nosotros/as)	estuvimos	fuimos	vimos	tuvimos	hicimos	dimos
(Vosotros/as)	estuvisteis	fuisteis	visteis	tuvisteis	hicisteis	disteis
(Ellos/as/Uds.)	estuvieron	fueron	vieron	tuvieron	hicieron	dieron

Uso: expresa una acción realizada y acabada en el pasado.
El año pasado viajé a Nueva York.

El pretérito perfecto simple del verbo *ser* tiene la misma forma que el verbo *ir*.

PRETÉRITO IMPERFECTO

	REGULARES			IRREGULARES	
	VIAJAR	HACER	SALIR	SER	IR
(Yo)	viajaba	hacía	salía	era	iba
(Tú)	viajabas	hacías	salías	eras	ibas
(Él/ella/Ud.)	viajaba	hacía	salía	era	iba
(Nosotros/as)	viajábamos	hacíamos	salíamos	éramos	íbamos
(Vosotros/as)	viajabais	hacíais	salíais	erais	ibais
(Ellos/as/Uds.)	viajaban	hacían	salían	eran	iban

Uso: se usa para describir algo o a alguien en el pasado y para hablar de acciones habituales en el pasado.
Cuando era niña, era muy tranquila y leía todos los días.

U7, p. 84

USO DE LOS TIEMPOS DEL PASADO

El pretérito perfecto compuesto suele utilizarse con los siguientes marcadores temporales:
Hoy Esta mañana/tarde/noche Esta semana Este mes/año Ya Todavía

El pretérito perfecto simple suele utilizarse con los siguientes marcadores temporales:
Ayer La semana pasada El mes pasado El año pasado Hace dos años

El pretérito imperfecto se usa para describir algo o a alguien en el pasado y para hablar de acciones habituales en el pasado.

U8, p. 97

Los pronombres personales

PRONOMBRES PERSONALES DE COMPLEMENTO DIRECTO

	Singular	Plural
Masculino	*lo*	*los*
Femenino	*la*	*las*

Concuerdan en género y número con la palabra que sustituyen. Se colocan delante del verbo.

- *¿Compras el pan todos los días?*
- *Sí,* ***lo*** *compro todos los días.*

U1, p. 12

COMPLEMENTO DIRECTO DE PERSONA O DE COSA

Cuando el complemento directo es una persona, va precedido por la preposición *a*. Cuando se trata de una cosa o un animal, no se usa ninguna preposición.
Ayer vi **a** *Juan.* Ayer *vi una película* en la tele.
Hay excepciones: *tener*. *Tengo dos hijos.*

U8, p. 97

PRONOMBRES PERSONALES

SUJETO	COMPLEMENTO DIRECTO	REFLEXIVO
(Yo)	*me*	*me*
(Tú)	*te*	*te*
(Él/ella/Ud.)	*lo / la*	*se*
(Nosotros/as)	*nos*	*nos*
(Vosotros/as)	*os*	*os*
(Ellos/as/Uds.)	*los / las*	*se*

Los pronombres personales de complemento directo van delante del verbo conjugado.

- *¡Ya tengo un móvil nuevo!*
- *¿**Lo** tienes con Internet?*

Los pronombres personales de complemento directo van detrás del verbo en imperativo, infinitivo o gerundio.

- *Ven**te** y come el bocadillo.*
- *Sí, vale, voy a comer**lo**.*

- *¿Estás empezando el libro?*
- *No, estoy terminándo**lo**.*

¡OJO! Cuando hay dos verbos, se puede elegir entre dos posiciones:
Lo estoy terminando = Estoy terminándolo

U3, p. 37

PRONOMBRES DE OBJETO

	DIRECTO	INDIRECTO
(Yo)	***me***	***me***
(Tú)	***te***	***te***
(Él/ella/Ud.)	***lo / la***	***le / se***
(Nosotros/as)	***nos***	***nos***
(Vosotros/as)	***os***	***os***
(Ellos/as/Uds.)	***los / las***	***les / se***

Cuando hay dos pronombres, primero va el indirecto y luego el directo.

- *¿**Me** mandas **esta información** por correo electrónico?*
- *Sí, **te la** mando.*

Cuando el indirecto *le, les* va seguido del directo *lo, la, los, las*, el indirecto se cambia por **se**.

Le, les + lo, la, los, las = **se** + lo, la, los, las.

Luis mandó una postal a Susana. = Luis se la mandó.

Es habitual nombrar el complemento indirecto dos veces con un pronombre indirecto antes del directo, y con un pronombre o un sustantivo detrás del verbo y la preposición *a*:

Te *lo di* ***a ti***. ***Se*** *la envió* ***a su mujer***.

En general los pronombres van delante del verbo. Sin embargo, pueden ir detrás cuando el verbo va en infinitivo y en gerundio.

*¿**Me lo** vas a dar? / ¿Vas a dár**melo**?*

Me lo *estoy comiendo. / Estoy comiéndo**melo**.*

Cuando el verbo va en imperativo, los pronombres van siempre detrás.

*Déja**me** este bolígrafo.*

U6, p. 73

CON + PRONOMBRES: *CONMIGO, CONTIGO*

Se dice *conmigo* en lugar de *con mí* y *contigo* en lugar de *con ti*, pero con el resto de las personas se utiliza *con* + pronombre: *con él/ella/usted, con nosotros/nosotras, con vosotros/vosotras, con ellos/ellas/ustedes.*

U8, p. 97

Porque y por qué

PORQUE Y POR QUÉ

Porque se utiliza para expresar la causa.
¡Ojo! Para formular una pregunta se utiliza ***¿Por qué?***

Ejemplo: *¿Por qué estudias?*
Porque mañana tengo un examen.

U3, p. 36

El pronombre relativo *que*

EL PRONOMBRE RELATIVO *QUE*

Se utiliza para unir frases y no repetir las informaciones sobre cosas, personas y lugares.

Me pruebo una falda. Esta falda es muy bonita.
Me pruebo esta falda ***que*** *es muy bonita.*

U1, p. 13

Frases condicionales

FRASES CONDICIONALES

Si + presente de indicativo + presente de indicativo.
Si no duermo bien, me duele la cabeza.

Si + presente de indicativo + imperativo.
Si tienes tiempo, ven a mi casa.

Sirven para expresar condiciones reales. Con el imperativo, los pronombres se ponen detrás.
Si te duele la cabeza, tómate un calmante.

U4, p. 49

Los pronombres y adjetivos indefinidos

PRONOMBRES Y ADJETIVOS INDEFINIDOS

OBJETOS	Algo	*¿Tenemos algo dulce?*
	Nada	*No, no tenemos nada.*
PERSONAS	Alguien	*¿Lo sabe alguien?*
	Nadie	*No, no lo sabe nadie.*
OBJETOS Y PERSONAS	Algún / Alguno, -a, -os, -as	*¿Tienes algún libro de Cortazar?*
	Ningún / Ninguno, -a	*Creo que no tengo ninguno.*

Algo, alguien y *alguno* se usan en frases afirmativas. *Nada, nadie* y *ninguno* en frases negativas.
Cuando es adjetivo, tiene el mismo género y número que el nombre que acompaña.
Para masculino singular se utilizan las formas *algún, ningún*.
- *¿Tienes algún disco de Juanes?*
- *Sí*
- *¿Me dejas alguno, por favor?*

U5, p. 61

Los comparativos

COMPARATIVOS: SUPERIORIDAD, INFERIORIDAD E IGUALDAD

DE SUPERIORIDAD: *más... que*	
con verbos:	*Caracas me gusta más que Buenos Aires.*
con sustantivos y adjetivos:	*Buenos Aires tiene más habitantes que Caracas.* *Buenos Aires es más grande que Caracas.*
DE INFERIORIDAD: *menos... que*	
con verbos:	*Buenos Aires me gusta menos que Caracas.*
con sustantivos y adjetivos:	*Caracas tiene menos habitantes que Buenos Aires.* *Asunción es menos turística que La Paz.*
DE IGUALDAD:	
con verbos: ***tanto como***	*Bogotá me gusta tanto como Lima.*
con sustantivos: ***tanto/a/os/as... como***	*Tegucigalpa tiene tantos habitantes como San Salvador.*
con adjetivos: ***tan... como***	*Bogotá es tan grande como Lima.*

U7, p. 85

ALGUNAS FORMAS COMPARATIVAS IRREGULARES

más grande	mayor	más pequeño	menor
más bueno	mejor	más malo	peor

Mi novio tiene 25 años, yo 21. Mi novio es mayor que yo. Yo soy menor que mi novio.

Los adverbios

ADVERBIOS ACABADOS EN *-MENTE*

Muchos adverbios se forman añadiendo *-mente* al adjetivo en femenino:
cuidadoso/cuidadosa > *cuidadosamente*
La mayoría indican el modo, cómo se hace la acción expresada por el verbo:
Leyó cuidadosamente la carta.
Pero también indican:
- La actitud, nuestra actitud hacia lo que decimos: *Afortunadamente, no hay heridos.*
- El tiempo, cuándo se desarrolla la acción: *Posteriormente, volvimos a casa.* (después)

U8, p. 96

Los pronombres posesivos

PRONOMBRES POSESIVOS

		Singular			Plural		
		1.ª persona	2.ª persona	3.ª persona	1.ª persona	2.ª persona	3.ª persona
Singular	Masculino	*el mío*	*el tuyo*	*el suyo*	*el nuestro*	*el vuestro*	*el suyo*
Singular	Femenino	*la mía*	*la tuya*	*la suya*	*la nuestra*	*la vuestra*	*la suya*
Plural	Masculino	*los míos*	*los tuyos*	*los suyos*	*los nuestros*	*los vuestros*	*los suyos*
Plural	Femenino	*las mías*	*las tuyas*	*las suyas*	*las nuestras*	*las vuestras*	*las suyas*

Ejemplo:
mi bolsa, la mía;
mis bolsas, las mías.

U7, p. 85

Transcripciones

UNIDAD 1

Pista 3
a. zapato; b. zoo; c. centro; d. azul; e. comercial; f. parezco.

Pista 4
a. cocido; b. sueco; c. cazar;
d. cedo; e. caso; f. café; g. ceda;
h. aceite.

Pista 5
- Mira, María. Este vestido negro es muy bonito. ¿Te gusta?
- Humm, no está mal, pero prefiero el rojo. Es más elegante.
- Sí, quizá... Y los dos valen 39 euros.
- ¡Cómprate el rojo, Marta, venga!
- ¿Y si luego no me gusta cómo me queda?
- No pasa nada. Lo devuelves y compras otra talla.
- Bueno, vale, lo compro. ¿Qué hago ahora?
- Haces clic sobre el vestido y luego sobre este cuadrito: «añadir a la cesta».
- Ya está. ¿Y ahora?
- Mira, se abre la página de pago.
- Escribes tus datos y tu número de tarjeta de crédito.
- Es muy fácil.
- ¡Claro! ¿Lo ves? Ya tienes vestido.

UNIDAD 2

Pista 8
a e i o u
/k/ ca que qui co cu
ka ke ki

Pista 9
a. escucha b. porque
c. cazadora d. caro
e. como

Pista 10
a. cubre b. cumpleaños
c. diciembre d. pequeña
e. cenar f. miércoles

Pista 11
- Hola, Alicia.
- Hola, Roberto. ¿Qué?, ¿te apetece alguna de mis propuestas?
- Sí, por eso te llamo. A mí también me apetece el concierto de Bandada. ¿Quién más viene? ¿Se apuntan Ana y Ricardo?
- De Ana no sé nada. A Ricardo le gusta más la obra de teatro.
- ¡Uf! A mí no me gusta nada.
- ¿Y qué tal la peli?
- No sé si me va a gustar.
- Entonces nada... vamos al concierto.

UNIDAD 3

Pista 13
- A ver cómo nos repartimos las tareas.
- Carmen, como la fiesta va a ser en tu casa, ¿puedes preparar la mesa y poner los adornos: globos y algún cartel con «feliz cumpleaños»?
- De acuerdo, y el regalo, ¿quién lo compra? Él siempre dice que le gustaría un MP4.
- Carmen, ¿puedes ir tú también?
- Vale, yo voy a comprarlo. Y tú, Matías, ¿qué vas a hacer?
- Pues yo voy a llamar a los demás amigos y voy a traer música. ¿Vale? Isabel, tú que cocinas tan bien, ¿puedes hacer una tarta de choco late y comprar las velas?
- De acuerdo. ¿Y la comida y la bebida?
- Pues nosotros. Además vamos a comprar hielo también.
- Pues perfecto, chicos, ya veréis qué sorpresa. La fiesta va a salir fenomenal y lo vamos a pasar genial.

Pista 14
- Oye, ¿os gusta salir al campo?
- ¿Al campo? Sí, claro.
- A mí también.
- Y a mí.
- ¿Vamos al campo este fin de semana? ¿A una excursión?
- ¡Vale! Me apetece mucho. ¿Qué te parece?
- Podemos ir a la sierra, a escalar algún pico.
- Yo prefiero algo más tranquilo. Además, en la sierra hace frío ahora.
- ¿Y por qué no nos bañamos en el lago? Podemos acampar al lado. Tengo una tienda de campaña grande, cabemos todos. ¿Vale, María? ¿Vamos a la sierra o al lago?
- No sé, me da igual. Hombre, es verdad que el lago es bonito.
- ¿De acuerdo, entonces?
- Sí, ¡venga, vamos al lago en mi coche! Es bastante grande.

Pista 16
Uno
- ¿Sí?
- ¿Está Marta, por favor?

- Soy yo. ¿Quién eres?
- ¡Ah, hola, Marta! Soy Alicia.
- ¡Alicia! ¡Qué sorpresa!...

Dos
- ¿Dígame?
- Buenas tardes. ¿Puedo hablar con la señora Rodríguez, por favor?
- Ahora mismo está ocupada. Está en una reunión. ¿Quiere dejar un recado?
- No, gracias. Llamaré más tarde.

Tres
- ¿Diga?
- ¿Está Eduardo, por favor?
- Sí, ahora se pone. ¿De parte de quién?
- De Elisabetta.

Cuatro
- ¿Sí?
- ¿Puedo hablar con Javier, por favor?
- No está en casa ahora mismo. Llame más tarde.
- ¿Cuándo volverá?
- Pues... no sé, quizá a las cinco.

Cinco
- ¿Dígame?
- Hola, ¿puede ponerse Fran, por favor?
- ¿Fran? Lo siento, aquí no vive ningún Fran.
- ¡Ah, perdone!
- No pasa nada.

Pista 17

a. baño
b. señalar
c. campaña
d. español
e. hondureña

Pista 18

a. niño
b. mono
c. suena
d. enseñada
e. campaña

Pista 19

a. El señor López saluda a la señora Jiménez.
b. Este niño sueña mucho por las noches.

Pista 20
- Viajes Elcano, ¿dígame?
- Buenos días. Estamos interesadas en un viaje a Perú, de dos o tres semanas, en julio.
- Tenemos un viaje muy interesante. Se llama Perú a la Carta porque el cliente puede adaptarlo a su gusto.
- ¡Ah, estupendo!

Una semana más tarde:

- Bueno, ya está hecha la reserva. El día 4 de julio van a llegar a Lima, al hotel Miraflores. El 7 van a tomar un avión a Iquitos. Ahí se alojan en el hotel Amazonas, durante tres días. Van a hacer una excursión por la selva y van a visitar dos poblados. Luego el 11 toman otro avión para Cuzco y van a alojarse en el hotel El Inca durante seis días. Desde Cuzco van a hacer una excursión al Machu Picchu y al lago Titicaca. El día 16 van a volver a Lima, otra vez al mismo hotel. El 17 van a hacer una excursión por la costa y a Nazca, y el día 21 tienen el vuelo de regreso.

UNIDAD 4

Pista 22

¿Mis hábitos? No voy al gimnasio ni hago deporte, pero intento hacer ejercicio todos los días. Voy andando al trabajo, tardo unos veinte minutos. Y los fines de semana voy a dar paseos largos. ¿Y tú, Joaquín?

Yo tengo que comer fuera de casa muchos días, pero no me gusta porque se come demasiada carne. Por eso, a menudo como un sándwich vegetal y una pieza de fruta. Es poco, pero luego ceno bien en casa. ¿Cuáles son tus hábitos, Antonia?

Yo creo que es importante descansar bien. Siempre duermo ocho horas, todos los días. Eso sí, nunca me echo la siesta. Y por las tardes voy a dar un paseo. ¿Y tú, Álvaro?

Yo me cuido lo normal. Hago algo de deporte dos veces a la semana. A mediodía como en un restaurante cerca de la oficina, pero por la noche solo como una pieza de fruta.

¿Mis hábitos? Yo tengo cuidado con mi salud. No fumo, bebo muy poco y no como carne casi nunca. Duermo poco, unas cuatro horas al día, pero es que no tengo sueño por la noche.

Pista 24

a. hablar
b. jefe
c. gente
d. llamada
e. girar
f. ayer
g. móvil
h. haber

Pista 25
- Dime, ¿cómo te encuentras, Carlos?
- Pues no muy bien: tengo tos, dolor

de cabeza, cansancio, un poco de fiebre...
- ¿Tomas alguna medicina?
- Sí, claro, aspirina y jarabe para la tos.
- ¿Comes fruta?
- No, no mucha.
- ¿Y bebes suficiente agua?
- Pues no, es que no tengo sed.
- ¿Y vas abrigado por la calle?
- Bueno, en mi trabajo tengo que hacer muchas visitas. Siempre estoy entrando y saliendo, así que no llevo siempre abrigo.
- ¿Y en tu casa tienes buena temperatura?
- ¡Huy, ya lo creo! Hace mucho calor. Estoy en camiseta.
- Pues eso no es bueno. Lo primero, deja de tomar aspirina. Tienes que comer fruta y verdura porque tienen vitaminas. Tienes que bajar la temperatura de tu casa, y ponerte el abrigo siempre cuando sales a la calle. Los cambios de temperatura son muy malos. También tienes que beber mucha agua. Es mejor que tomar jarabe.
- ¿Y no tomo ninguna pastilla o aspirina?
- Solamente si te duele la cabeza. Descansa en casa. Nada más.

UNIDAD 5

Pista 28

a. ¡Qué mala suerte!
b. ¿Y tú, estás contento también?
c. ¡Qué interesante!
d. Esta película es antigua.
e. ¿Sabes de qué signo del horóscopo eres?
f. ¡No me digas!

Pista 29

Uno

Llamo desde Valencia. Ha pasado algo muy interesante aquí. Ha caído un meteorito hoy mismo, a las ocho y media de la mañana, en un campo cerca de Villarreal. Han venido dos científicos para examinarlo. Han dicho que es una roca muy rara, que solo han caído en La Tierra unos veinte meteoritos de este tipo.

Dos

Hola. Llamo desde Santander donde ha actuado el grupo El Canto del Loco. El concierto ha sido en el estadio de fútbol del Sardinero. Se han vendido todas las entradas: seis mil. El concierto ha sido un éxito. Contadlo en «Tus noticias frescas». La gente tiene que saberlo.

Tres

Buenos días. Llamo desde Canarias para contaros una noticia muy triste. Esta mañana se ha hundido una patera cerca de la costa de la isla de Gran Canaria. Se han ahogado unas veinte personas. Es la tercera patera que se ha hundido cerca de las Canarias este año.

UNIDAD 6

Pista 32

a. Yo no hablo mucho, pero mi hermano sí. Ayer habló durante toda la cena.
b. Señora Martínez, usted me llamó ayer, así que hoy la llamo yo.
c. - ¿Te tocó la lotería?
   - No sé.

Pista 33

a. ¿Hablaste ya con tu primo?
b. Nunca ceno antes de las diez.
c. Llevo a mi hijo al cole todos los días.
d. ¿Con quién hablas?
e. Hablé con Carmen la semana pasada.
f. Anoche cené con unos amigos.

Pista 34

- Entonces, señor González, estuvo usted en Valencia desde el jueves 20 de marzo hasta el domingo 23.
- No, desde el viernes 21 por la tarde.
- ¡Ah, sí, claro! Y el mismo viernes por la tarde, ¿qué hizo usted en Valencia?
- El viernes... pues fui al cine.
- Y vio usted la película *Django desencadenado*, ¿no?
- Sí, esa es la película.
- Otra pregunta, ¿esta foto se la hizo usted en Valencia en ese fin de semana?
- Sí, el domingo. Dejé el hotel a las once y me fui a pasear antes de ir a la estación.
- ¿Ah, sí? Interesante. ¿Qué tiempo hizo en Valencia el domingo? ¿Llovió, hizo frío?
- Sí, claro. Hizo mal tiempo. Lo recuerdo muy bien.
- Marcos González, queda detenido.

UNIDAD 7

Pista 36

Ahora el tiempo en Radio Tuya. En la capital hace buen tiempo, hace sol, nada de viento y un poco de calor. Estamos a 28 grados, así que podemos ir a la piscina y tomar el sol.

En la costa este, el tiempo es diferente. Está muy nublado. Podemos quedarnos en casa y ver una película.
En las montañas hace frío: solo 10 grados. Además, en algunas partes muy altas está nevando y la gente practica el esquí. En algunos valles hay lluvia.

Pista 37
hago
lingüístico
grito
carga
pingüino
enseguida
guapo
ganas
gris

Pista 38
ga gue gui go gu
Cuando se escribe la *u* con diéresis *(ü)*, se pronuncia la *u*: *agüero, pingüino.*

Pista 39
a. llego b. hijo c. vago d. rata
e. pago f. jarra g. alegría

Pista 40
- Entonces, el vuelo cuesta 684 euros y el hotel 250, ¿verdad?
- Eso es. Impuestos incluidos.
- Vale, y hay una oferta: un día de alquiler de coche gratis.
- Ah, bueno, sí, pero tiene que alquilar el coche tres días y con la oferta solo tiene que pagar dos.
- Ah, no me interesa entonces. ¿Y el hotel no tiene restaurante o cafetería?
- Sí, claro. Puede hacer todas las comidas en el hotel, pero tiene que pagarlas aparte.
- Comprendo. ¿Y me puede decir los horarios de vuelo?
- Sí, claro. De Santiago a Madrid, la salida es a las cuatro horas, hora de Chile, y la llegada a las dos cuarenta y cinco.
- O sea, ¿que salgo a las cuatro de la mañana y llego a las tres de la mañana?
- Sí, pero del día siguiente, claro.
- ¿Y cómo tarda tanto?
- Bueno, es que hay escala en Nueva York y también hay que tener en cuenta la diferencia de hora.
- ¡Uf! Pues es un viaje muy cansado. No sé, tengo que pensarlo.
- Como quiera. Adiós, buenos días.

UNIDAD 8

Pista 42
¿Qué es poesía? Dices mientras clavas en mi pupila tu pupila azul.
¿Qué es poesía...? ¿Y tú me lo preguntas?
¡Poesía... eres tú!

G.A. Bécquer

Pista 43
a. ajo b. cerrar c. pero
d. pilla e. llegó f. hacia

Pista 44
- ¿Quieres aprender a bailar la salsa, el vallenato y los bailes latinos más divertidos y modernos?
- Libérate del estrés disfrutando y moviéndote al ritmo de la bachata y de la salsa con este curso intensivo de nivel básico e intermedio. ¡Disfruta de un evento con mucha marcha!
- Bailar salsa es nuestra pasión, es algo que nos hace feliz, un estilo de vida saludable que queremos compartir contigo.
- Contacta con nosotros y te informaremos sin compromiso. Llama ahora al 657 34 51 89.

Unidad 1

abrazo, el
abril
aceptar
acumular
agosto
agotado/a
agradable
andaluz/-a
animado/a
antepasado/a
apetecer
aprobar
ataque, el
atracción, la
atrevido/a
autor/-a, el/la
banda, la
bizcocho, el
bolera, la
cabalgata, la
caballo, el
campanada, la
carrera, la
cartelera, la
católico/a
chatear
cierto/a
cohete, el
concierto, el
conducir
conmemorar
consumición, la
contemporáneo/a
cortés
danza, la
devolver
diccionario, el
diciembre
diversión, la
encierro, el
enero
engordar
entusiasta
envidia, la
escenario, el
escritura, la
espantoso/a
espectacular
espectáculo, el
explosión, la
exposición, la
factura, la
falso/a
fama, la
febrero
feria, la
festejo, el
festividad, la
festivo/a
fin, el
final, el
formato, el
galería, la
gritar
guía, la
guitarra, la
hielo, el
honor, el
improvisado/a
incluido/a
ingeniería, la
invierno, el
julio
junio
lanzamiento, el
lesión, la
locura, la
marzo
mayo
mímica, la
minúsculo/a
musical, el
nacimiento, el
noviembre
obligación, la
octubre
oriente
otoño, el
pasión, la
paso, el
patinaje, el
patrón/-a, el/la
pelota, la
piano, el
plan, el
preferencia, la
primavera, la
reina, la
reírse
religioso/a
revolución, la
sala, la
saltar
secreto, el
sensación, la
septiembre
siglo, el
símbolo, el
sonar
sorpresa, la
suavizar
suerte, la
suficientemente
teclado, el
tío/a, el/la
tocar
toro, el
tradicional
tranquilidad, la
trayecto, el
últimamente
uvas, las
verano, el
verbena, la
versión, la
víspera, la
yoga, el

Expresiones

- ¿Vienes a cenar a casa el sábado?
- ¿Vamos al cine?
- ¿Por qué no vamos al cine?
- ¿Te apetece salir?
- ¿Qué está haciendo?
- Estoy leyendo un buen libro.
- Esta semana tengo que quedar con mi prima.

Unidad 2

aburrirse
acampar
acertar
activo/a
adorno, el
agencia, la
almuerzo, el
alojamiento, el
alojarse
amanecer
amante, el/la
apropiado/a
araña, la
arroz, el
artístico/a
autóctono/a
avanzar
aventurero/a
bajar
balneario, el
biodiversidad, la
biológico/a
botánico/a
breve
bus, el
carretera, la
castillo, el
catedral, la
cementerio, el
certeza, la
chocar
chocolate, el
colocación, la
cumbre, la
degustar
destacar
destino, el
diminutivo, el
disfrutar
disponible
duda, la
duración, la
elaboración, la
encargarse
encuentro, el
enfermo/a
enseguida
equivocar
equivocado/a
error, el
escalada, la
escultura, la
estrella, la
estresado/a
excursión, la
experiencia, la
extraordinario/a
fauna, la
flora, la
folleto, el
forestal
genial
gigantesco/a
ideal
incertidumbre, la
indiferencia, la
iniciar
inolvidable
intención, la
llave, la
lluvia, la
mango, el
maravilloso/a
marcador, el
masaje, el
mitad, la
naturaleza, la
navegación, la
nieve, la
oír
peinado, el
pesca, la
piragüismo, el
planetario, el
plantear
platillo, el
poblado/a
posibilidad, la
preocupado/a

preservar
próximo/a
puente, el
recado, el
recaudar
recepción, la
refugio, el
regional
relajante
repartirse
repasar
retornar
riqueza, la
rollo, el
saltado/a
selva, la
sendero, el
sierra, la
sorprender
sueño, el
sugerencia, la
telefónico/a
temporal
tendencia, la
terminal
territorio, el
tortuga, la
total
tranquilamente
transmitir
traslado, el
trivial
tucán, el
único/a
variado/a
visitante, el
volcán, el

Expresiones

- ¿Qué vas a hacer este fin de semana?
- Voy a salir a cenar con amigos.
- ¿Vamos a la sierra?
- Vale. Me apetece mucho.
- ¿De parte de quién?
- De (parte) de María.
- ¿Puede ponerse Juan, por favor?
- Sí, ahora, se pone.
- ¿Está Andrés, por favor?

Unidad 3

abstinencia, la
aconsejable
acostumbrarse
adelante
adicción, la
afectar
afirmar
alergia, la
alimentación, la
ambulancia, la
anciano/a, el/la
angustiarse
apagar
aparcar
apretar
arterial
asegurar
atención, la
atentamente
autorización, la
basura, la
bolígrafo, el
botón, el
brazo, el
brevemente
calmante, el
camino, el
causa, la
celador/-a, el/la
cervical, la
cigarrillo, el
clave, la
colaboración, la
combate, el
combatir
combinar
condición, la
conducta, la
considerar
considerado/a
constipado, el
consultorio, el
conveniente
crónica, la
cuello, el
cuestionario, el
cuidado, el
daño, el
despierto/a
diagnosticado/a
diariamente
disparate, el
doble, el
doler
dolor, el
eficacia, la
emocional
empeorar
encender
encontrarse
enfermedad, la
enfermero/a, el/la
entrar
escena, la
especialista, el/la
espera, la
estadística, la
estómago, el
estrés, el
expresión, la
extracto, el
facilitar
farmacia, la
fiebre, la
franja, la
frente, la
garaje, el
garganta, la
gratis
gripe, la
hora, la
humano/a
humo, el
icono, el
igualdad, la
ilegal
impreso/a
infusión, la
ingresar
inmediatamente
insomnio, el
intensivo/a
intenso/a
intento, el
irritado/a
jarabe, el
lápiz, el
lavarse
leche, la
lector, el
lejía, la
librarse
ligero/a
malestar, el
maltrecho/a
máquina, la
mareado/a
masticar
medicamento, el
medicina, la
mientras
ministerio, el
moderado/a
montón, el
moto, la
motor, el
muela, la
multa, la
natural
negociar
nervioso/a
numerado/a
obesidad, la
objetivo, el
obligatorio/a
padecer
participar
pastel, el
pastilla, la
permiso, el
pesado/a
peso, el
petición, la
pierna, la
pie, el
pieza, la
pizza, la
planchar
político/a
porcentaje, el
práctica, la
presentar
producir
prohibido/a
radiografía, la
rallar
rayo, el
recomendación, la
recomendar
regularidad, la
relevante
remedio, el
respirar
resultar
resumen, el
ritual, el
sándwich, el
sanidad, la
sanitario/a
seguro, el
sencillo/a
sentado/a
sentido, el
sentir
señal, la
síntoma, el
sobredosis, la
sobrepeso, el
solucionar
suave
suficiente
torneo, el
tos, la
tranquilizante, el
trastorno, el
trato, el
urgencias, las
vegetal
verbal

vertical
web, la
yogur, el

Expresiones

- ¿Qué le pasa?
- Me duele la cabeza.
- ¿Practica algún deporte?
- Sí, dos veces a la semana.
- A Fernando le duele el estómago. A mí me duelen las muelas.
- Para estar en forma hay que hacer ejercicio.

Unidad 4

acordarse
alfombra, la
alojado/a
amenizar
amor, el
andar
anoche
apagado/a
aparato, el
asistir
aula, el
autorretrato, el
bingo, el
cajón, el
cárcel, la
charla, la
chicle, el
cima, la
comisario/a, el/la
conferencia, la
cráter, el
deprisa
desastre, el
enchufe, el
enfadado/a
estación, la
excusa, la
experto/a, el/la
extrañar
florero, el
fragmento, el
ganas, las
historia, la
impresora, la
inalámbrico/a
incómodo/a
inspiración, la
integrar
intercontinental
mascar
mentira, la
minuto, el
mobiliario, el
mono, el
océano, el
persistencia, la
polvo, el
portátil, el
queja, la
ratón, el
recuperación, la
reflejar
regresar
regreso, el
robo, el
sello, el
seminario, el
sillón, el
sobremesa, la
soleado/a
sospecha, la
sospechoso/a
suciedad, la
tráfico, el

Expresiones

- ¿Qué pasó ayer? Esperé tu llamada.
- Salí tarde del trabajo y llegué a casa muy cansada.
- El fin de semana pasado estuve en una fiesta.

Unidad 5

abrigo, el
acceso, el
accesorio, el
adelantar
afeitar
algodón, el
almacén, el
ancho/a
anillo, el
aparte
arcoíris, el
arreglar
arreglo, el
blusa, la
bolso, el
bombón, el
bota, la
bufanda, la
cabeza, la
calcetín, el
callar
camisa, la
carné, el
casual
cazadora, la
cazar
cesta, la
chaqueta, la
cinturón, el
collar, el
composición, la
consejo, el
contraste, el
corbata, la
corte, el
defecto, el
desfile, el
difícil
encargo, el
envío, el
estampado/a
estilo, el
etiqueta, la
evitar
excepción, la
exclusivo/a
falda, la
fenomenal
friolero/a
guantes, los
jersey, el
lana, la
lunar, el
manga, la
mercadillo, el
morado/a
pantalón, el
pañuelo, el
particularidad, la
pasarela, la
pedido, el
pendiente, el
pintura, la
prenda, la
preocupar
probar
pulsera, la
quizá
razón, la
rebajado/a
rebajas, las
referencia, la
riesgo, el
sandalias, las
seda, la
seguro/a
sintético/a
sonido, el
talla, la
tejido, el
traje, el
ventaja, la
zapatilla, la

Expresiones

- ¿Puedo ayudarlo/la?
- Quería probar esta falda. ¿De qué talla y de qué color la quiere?
- ¿Cómo le queda el traje?
- No me queda muy bien.
- ¿Qué te parece? ¿Me quedan bien estas gafas?
- ¿Qué precio tienen?
- Son 75 euros.
- ¿Va a pagar con tarjeta o en efectivo?

Unidad 6

abierto/a
aburrimiento, el
acaso
accidente, el
aéreo/a
ahogado/a
alcalde, el
alcanzado/a
algo
alguien
alguno/a
alivio, el
alusión, la
ambiente, el
ánimo, el
antena, la
aprobado/a
arreglado/a
arte, el
aseveración, la
bebé, el
burro, el
caído/a
calma, la
camello, el
canal, el
capítulo, el
casualidad, la
chispa, la
ciclo, el
científico/a
cobertura, la
comedia, la
cómodo/a
comunicación, la
conocer
contador, el
contaminación, la
contenido, el
continuación, la
corazón, el
corrupción, la

cotilleo, el
dato, el
debate, el
decepción, la
delfín, el
descubierto/a
descubrimiento, el
desempleo, el
desierto, el
despedirse
dios
directo/a
disminuir
documental, el
dominical
elefante, el
emisora, la
enfadarse
enhorabuena, la
enterado/a
entierro, el
envidioso/a
esperanza, la
esperar
estadio, el
estrenar
examinar
éxito, el
extraño/a
felicidad, la
hallazgo, el
horóscopo, el
huelga, la
humano, el
hundido/a
idiota
ilusión, la
impaciencia, la
impacto, el
inevitable
inexistente
injusticia, la
interés, el
Internet
interponerse
juerga, la
jungla, la
juventud, la
labio, el
lanza, la
llover
local, el
lotería, la
maquillaje, el
marcha, el
mascota, la
meteorito, el
miedo, el
monotonía, la
morirse
muerte, la
mundo, el
nadie
nivel, el
obra, la
oyente, el
paraíso, el
piedra, la
pintarse
pirámide, la
placer, el
poema, el
positivo/a
prensa, la
preocupación, la
preocupante
presentador/-a, el/la
presidente/a, el/la
presupuesto, el
programa, el
programación, la
publicidad, la
puesto, el
recibir
reciente
recientemente
repaso, el
reportaje, el
resignación, la
romántico/a
romper
rosa
roto/a
rumor, el
satisfacción, la
sede, la
sensacionalista
sentarse
sentimiento, el
serie, la
soltarse
sonreír
submarinismo, el
sucio/a
sueldo, el
suplemento, el
suspender
tecnología, la
tierra, la
tintorería, la
titular, el
torrente, el
transportista, el
tristeza, la
universal
vacuna, la
verdad, la
víctima, la
volver

Expresiones

- ¿Qué ha pasado?
- Ha llegado tarde.
- Me ha tocado la lotería.
- ¡Qué suerte, tienes!
- ¡Qué pena!
- ¡Qué me dices!

Unidad 7

absoluto/a
adicional
aéreo/a
aerolínea, la
agüero, el
asiento, el
asignado/a
aterrizar
atractivo/a
barco, el
baúl, el
bilingüe
brújula, la
calidad, la
circunstancia, la
comparación, la
despegar
eléctrico/a
embarque, el
ensueño, el
equipaje, el
estirar
estructura, la
exactamente
exceso, el
explorar
facturación, la
facturar
fallar
guardería, la
identidad, la
ilustración, la
inferioridad, la
maleta, la
maletín, el
malnutrición, la
manuscrito/a
marinero/a
mostrador, el
oferta, la
orientarse
originalmente
pasajero/a, el/la
pensión, la
pertenecer
precisamente
predominar
retraso, el
saludable
seguridad, la
singularidad, la
tarea, la
tormenta, la
tranvía, el
tripulación, la
venta, la
ventanilla, la
ventilación, la
viajero/a, el/la
vitamina, la
volar
vuelo, el

Expresiones

- Cuando era pequeño, iba a un colegio cerca de casa.
- ¿A qué jugabas cuando eras pequeño?
- Jugaba al fútbol.
- ¿Tienen equipaje para facturar?
- Sí, una maleta.
- ¿Qué tipo de billete quiere: turista o primera clase?
- ¿Qué tiempo hace hoy?
- Hace calor, pero está nublado.

Unidad 8

acabado/a
academia, la
acción, la
acontecimiento, el
acordeón, el
acostarse
actitud, la
actividad, la
adecuado/a
además
adivinar
afirmación, la
afortunadamente
agua, el
ahora
álbum, el
alegre
alegría, la
alrededor de
alto/a
amable
amplificador, el
animal, el
año, el

antes ....
anuncio, el ....
apostar ....
aprender ....
aprovechar ....
arreglar ....
artificial ....
auditorio, el ....
auriculares, los ....
avenida, la ....
averiado/a ....
avisar ....
ayer ....
ayudar ....
bailar ....
bailarín/-a, el/la ....
baile, el ....
bajista, el/la ....
bandoneón, el ....
barrio, el ....
bastante ....
batería, la ....
beneficio, el ....
bromear ....
calcular ....
calor, el ....
cantante, el/la ....
cantidad, la ....
cartel, el ....
casero/a ....
categoría, la ....
cena, la ....
ciudad, la ....
claro/a ....
coche, el ....
colocar ....
compañero/a, el/la ....
compartir ....
complemento, el ....
comprar ....
compromiso, el ....
contar ....
contestar ....
convencer ....
copa, la ....
cosa, la ....
cubano/a ....
cuerda, la ....
cumpleaños, el ....
curso, el ....
decidido/a ....
desarrollar ....
desayuno, el ....
descansar ....
descargarse ....
describir ....
descuento, el ....
descuidado/a ....
desgraciadamente ....
diálogo, el ....
diario, el ....
discurso, el ....
discutir ....
disgusto, el ....
divertido/a ....
dudar ....
durante ....
empezar ....
encantar ....
energía, la ....
entender ....
entonación, la ....
entrada, la ....
entrar ....
entrevista, la ....
entrevistar ....
equipo, el ....
especie, la ....
esquina, la ....
estropeado/a ....
estupendo/a ....
evento, el ....
evidente ....
explicar ....
expresar ....
faltar ....
famoso/a ....
fantástico/a ....
feliz ....
festival, el ....
fiesta, la ....
final, el ....
flauta, la ....
frecuencia, la ....
frío, el ....
fundamento, el ....
gala, la ....
género, el ....
gente, la ....
gorra, la ....
gota, la ....
gozar ....
grada, la ....
grupo, el ....
guitarrista, el/la ....
herido/a ....
honrado/a ....
hueco, el ....
imaginar ....
imitar ....
importar ....
incluso ....
increíble ....
independencia, la ....
influencia, la ....
inscribirse ....
instrumento, el ....
interrumpir ....
justificar ....
lejos ....
letra, la ....
limitado/a ....
limpiar ....
lista, la ....
llegar ....
llorar ....
locutor/-a, el/la ....
lógico/a ....
magnífico/a ....
manualmente ....
maravilla, la ....
mayoría, la ....
memorizar ....
mencionar ....
mensaje, el ....
mentalmente ....
mente, la ....
mezcla, la ....
molestar ....
momento, el ....
música, la ....
músico, el ....
nota, la ....
novedoso/a ....
número, el ....
ocasional ....
ofrecer ....
olvidar ....
opción, la ....
organizador/-a, el/la ....
origen, el ....
orquesta, la ....
pacífico/a ....
pagar ....
página, la ....
pareja, la ....
paréntesis, el ....
partir ....
película, la ....
pena, la ....
percusión, la ....
pianista, el/la ....
plaza, la ....
poder, el ....
precedido/a ....
precio, el ....
probable ....
prueba, la ....
público, el ....
quedar ....
rápidamente ....
refresco, el ....
relacionar ....
reloj, el ....
repente de ....
resto, el ....
retirado/a ....
revista, la ....
sabor, el ....
sacar ....
siesta, la ....
sueño, el ....
sufrir ....
tableta, la ....
taquilla, la ....
tarjeta, la ....
teatro, el ....
término, el ....
todavía ....
tomar ....
trompetista, el/la ....
tropezar ....
último/a, el/la ....
universidad, la ....
usar ....
utilizar ....
vídeo, el ....
violinista, el/la ....
zona, la ....
zoológico, el ....

Expresiones

- ¿Quieres venir conmigo al festival de música latina?
- ¡Buena idea! Me encanta la música latina.
- ¿Quién actúa?
- Vienen muchos cantantes
- ¿Cuánto dura el festival?
- Dura dos días.
- ¿Vienes conmigo?
- Vale, voy contigo.

Pistas CD audio

Unidad 1
Pista 1
De compras
Pista 2
Eduardo se compra un traje
Pista 3
¡A pronunciar!
Pista 4
Elige
Pista 5
Marta compra ropa por Internet

Unidad 2
Pista 6
¿Vienes a comer a mi casa?
Pista 7
Recuerdos del verano
Pista 8
El sonido /k/
Pista 9
La ortografía correcta a.
Pista 10
La ortografía correcta b.
Pista 11
Una tarde de sábado

Unidad 3
Pista 12
Juan y sus amigos
Pista 13
Repartirse las tareas
Pista 14
Inés tiene una propuesta
Pista 15
Algo va mal
Pista 16
¿Quién llama?
Pista 17
La eñe siempre en medio
Pista 18
Distinción *ñ* - *n*
Pista 19
Reconoce la *ñ*
Pista 20
En la agencia de viajes

Unidad 4
Pista 21
¿Qué me pasa, doctora?
Pista 22
Hábitos saludables
Pista 23
En la recepción del hospital
Pista 24
Ortografía
Pista 25
Carlos va al médico

Unidad 5
Pista 26
Noticias radiofónicas
Pista 27
¿Ponen algo interesante en la tele?
Pista 28
Puntuación
Pista 29
Llamadas del oyente

Unidad 6
Pista 30
Problemas en la oficina
Pista 31
¿Qué hicieron?
Pista 32
Tilde
Pista 33
Acentuación
Pista 34
Analizas los errores

Unidad 7
Pista 35
Conversaciones en el aeropuerto
Pista 36
¿Qué tiempo hace hoy?
Pista 37
El bingo de las palabras
Pista 38
Sonido /g/ con vocales
Pista 39
¿Cuál es?
Pista 40
Me voy a Madrid

Unidad 8
Pista 41
Un gran festival de música latina
Pista 42
Ritmo y entonación
Pista 43
Repaso de sonidos del español
Pista 44
Apuntarse a clases de bailes latinos

Primera edición: 2017
Primera impresión: 2017

Autores: Fernando Marín, Reyes Morales.
Dirección y coordinación editorial: Departamento de Edición de Edelsa.
Diseño de cubierta: Departamento de Imagen de Edelsa.
Diseño y maquetación de interior: Dolors Albareda.
Ilustraciones: Bernardo Marcos Rocafort.

Imprime: Egedsa.

ISBN: 978-84-9081-370-6
Depósito Legal: M-1999-2017

Impreso en España / *Printed in Spain*

Fuentes y créditos:
Fotografías: Photos.com y Shutterstock.com

CD audio (locuciones):
Unidad 1 a 7: ALTA FRECUENCIA MADRID. Tel. 91 5195277, www.altafrecuencia.com
Voces de la locución: Juani Femenía, Arantxa Franco, José Antonio Páramo y Jaime Moreno.
Unidad 8: Bendito Sonido.
Voces de la locución: Olga Hernangómez, Ángel Morón.

A2 DELE Actividades de ayuda a la preparación del DELE.

Notas:

- La editorial Edelsa ha solicitado los permisos de reproducción correspondientes y da las gracias a todas aquellas personas e instituciones que han prestado su colaboración.
- Las imágenes y los documentos no consignados más arriba pertenecen al Departamento de Imagen de Edelsa.
-